ナレッジ・ベース・ソサエティ
にみる高等教育

—— 遠隔教育の評価と分析を中心に ——

澁澤 健太郎 著

時潮社

ナレッジ・ベース・ソサエティにみる高等教育
――遠隔教育の評価と分析を中心に――

目　次

はしがき　7

第1章　緒言 …………………………………………………………11
1-1　情報化社会の発展と成熟社会　14
1-1-1　情報化社会の変遷　14
1-1-2　情報産業と社会システム　21
1-1-3　情報化とIT革命　27
1-1-4　成熟社会の到来　34
1-1-5　情報基盤と遠隔教育　38
1-2　先行研究　40
1-3　知識の共有と情報発信　43
1-3-1　メールマガジン　44
1-3-2　インターネットラジオ　45
1-3-3　SNS　47
1-3-4　ブログ　47
1-3-5　携帯小説　49

第2章　遠隔教育の発展と阻害要因 ………………………………53
2-1　制度分析　55
2-1-1　大学設置基準法と規制緩和　55
2-1-2　著作権法第35条　58
2-1-3　サイバー大学の事例　61
2-1-4　サポート要員とメンター　64
2-2　情報発信を阻害する要因　69

第3章　遠隔教育の理論とID ………………………………………73
3-1　相互対話理論　75
3-2　インストラクショナルデザイン（ID）　78

3-2-1　イリノイオンライン大学　80
　　　3-2-2　名古屋学院大学　83
　3-3　通信・放送の融合からWeb遠隔教育の時代へ　85
　　　3-3-1　コスト低減化を図る遠隔教育モデル　86
　　　3-3-2　遠隔教育の評価　88
　　　3-3-3　Web遠隔教育の実践と分類　90
　　　3-3-4　遠隔教育モデルの技術と規格　92

第4章　ケーススタディ …………………………………………… 101
　4-1　講義形式の分類と規模の経済　103
　　　4-1-1　情報基盤の事例　105
　　　4-1-2　PC実習の事例　109
　　　4-1-3　補償教育の事例　118
　　　4-1-4　ゼミナールの事例　123
　　　　4-1-4-1　インターネットラジオの事例　127
　　　4-1-5　音声利用の事例　128
　　　4-1-6　高大連携同期の事例　131
　　　4-1-7　ツイッター利用について　134
　4-2　ケーススタディの考察　135

第5章　知識社会に見る高等教育のモデル …………………… 145
　5-1　ケーススタディに見る知見　147
　5-2　対米比較に見る高等教育のモデル　153

第6章　結　語 …………………………………………………… 157

あとがき　163
参考文献　167

　　　　　　　　　　　　　　　　　　　　　装幀　比賀祐介

はしがき

　現在、ICT技術の急速な進展は、経済から始まり、行政、政治、医療や福祉、そして教育に大きな影響を与え、社会経済システムにインパクトを与えながら更に発展しつつある。インターネットの急速な普及は、高度情報基盤を短期的に確立させ、知識はネットを通じて大変な速度で世界を循環するようになった。私たちに与えられた大きな課題は、新たな知識創造型社会を市場競争と公共政策のバランスを取りながらどうやって作り上げていくか、であろうと思われる。すなわちナレッジ・ベース・ソサエティの創造である。ネットワーク社会の特性は、商品の比較が簡単に行え、それに伴って消費行動が発生する。教育における対面型講義は同じ学内においてすらその比較がなかなかできない。高校生あるいはその保護者は、多くの場合、どのような講義が用意されているのかを大学を選択する比較データとして持つことができず、イメージや地理的な環境、あるいはオープンキャンパスや模擬講義、あまり更新されないHPやパンフレットから取捨選択するしかない。

　大学等の高等教育は、大きな環境の変化に直面している。少子高齢化による若年人口の減少によって現在、約半数以上の大学が定員割れ、私立大学の約3分の1が赤字となっている。

　更に社会人への再教育へのニーズも高まっており、これへの対応も求められている。戦略的でない学部や学科の増設によっていまや充足率は危機的な推移になっている大学もある。

　一方、情報技術の発展やインフラ整備も進んでいる。2011年には「完全デジタル時代」が到来するといわれている。この技術やインフラは教育にも活用されうるし、「いつでも、どこでも、誰とでも」と

いうユビキタス社会の特性は、教育に活用すべきものといえる。

　大学等は既に、多様な講義コンテンツを豊富に抱えている。情報の管理や収集など扱うことのできる人材にも恵まれている。遠隔教育の中心的な役割として、eラーニングがとりいれられてきたが、現在の社会の情報化を鑑みるとシステムの中軸は、あきらかにオンラインネットワーク・インターネット利用にあることはいうまでもない。

　遠隔教育とは、ICTを利用して遠隔地にいる教授者、学習者がコミュニケーションを行うことによる教育全般を指す。在宅学習が基本のシステムになるであろう遠隔教育は、こうした社会にきわめて効率的なシステムを提供できる可能性が高い。伝統的な大規模教室集合型アプローチと少なくとも遠隔教育が同じくらい重要になることで、教育をとりまく環境は大きく変貌を遂げる可能性がある。補習モデルとしての役割を担うだけのシステムなのか、それともむしろ誰でもがどこでも利用できることを教育の基盤原理にするシステムなのか。生涯教育に対応可能な遠隔教育を高等教育システムの中心として確立できる仕組みにできるのか。受講者の意欲を継続させ、効果を効率的にあげる為に何が必要か。実際に行ってきた実証研究を含めかつインストラクショナルデザインを意識して検証する。更に近年発展著しいコミュニケーションツールなどを利用した事例を検証、その有効性を示すことでコスト論や情報格差論は遠隔教育を阻害する根拠としては成立しないものとなることを検証する。では遠隔教育が遅々として進まないのはなぜだろうか。

　筆者はICT技術が教育に与える影響に関心が高く5年間にわたって特徴のある遠隔教育を実施してきたが、国内における今までの遠隔教育は、必ずしも成功しているといはいえない。遠隔教育における先進国の米国では、以前から学生の自主性について多くの課題が指摘されてきた。学習の速度が上がった場合に、質疑応答や相談などのコミュニケーションの頻度と即時性への対応度が低いと、学習者は意欲を喪失するケースがしばしば発生する。特に遠隔教育は、基本的に個人ベ

ースでのトレーニングが中心になるのでこうした構成を構築することが成功の鍵を握ると思われる。このような研究の成果は、これからの高等教育の在り方のみならず大学の財政、助成金のあり方や教員研修のあり方、既存の教育制度にも問題提起となりうるであろう。特に大学設置基準法の一部と著作権法第35条による規制は、遠隔教育の効率的な進め方を阻害していることを明らかにしたい。遠隔教育は、高等教育機関の従来の単位修得方法や評価方法を変えうる可能性も持っており、そのことがこれからの生涯教育に対応できるということの可能性でもある。

　インターネットがグローバルな構造をもたらしており、情報基盤の高度化と放送通信融合による情報化が加速されたナレッジ・ベース・ソサエティの高等教育として大学は、どのようなモデルを創造できるのであろうか。

第1章　緒　言

第1章 緒　言

　我が国は急激な少子高齢化を迎えており、既に約半数の大学は定員割れとなり、大学は選り好みしなければ誰でも入れる時代となっている。このような背景から、研究活動のみならず大学における教育活動の重要性は年々高まっている。特に社会人教育や生涯教育に対応可能なシステムの導入については、いずれどの大学でも求められてくることが考えられる。ICTと呼ばれる情報コミュニケーション技術の発達は、インターネットの普及と環境の急速な進歩により、遠隔地間におけるコミュニケーションを可能にし、映像や音声、いわゆるマルチメディア技術の応用を容易にした。

　遠隔教育のタイプを活用方式とコミュニケーションの方向によって以下のように分類してみたが、今後我が国で発展が期待されるのは、網掛け部分の形態であろうと思われる（図表1－1）。

図表1－1　遠隔教育のタイプ分類

	同期モデル	非同期モデル
一方向	録画しない限り放映時間の制限を受けて、教員と学生のコミュニケーションが不可能な遠隔教育。 「媒体」TVなど （例）放送大学	時間の制約を受けないが、教員と学生のコミュニケーションが不可能な遠隔教育。 「媒体」郵送文書 （例）通信教育
双方向	授業時間の制約を受けるが、教員と学生のコミュニケーションが可能な遠隔教育。 「媒体」衛星通信、インターネット （例）東洋大学大学院公民連携講義	時間と場所の制約を受けず、教員と学生のコミュニケーションが可能な遠隔教育。 「媒体」インターネット （例）サイバー大学

　教育とはもともと自発的で能動的な行為であり、人生のいつの時点でもどこにいても学びたいものを学ぶ、学べることが理想である。ICT技術の普及により、時間と場所の制約を受けない遠隔教育によって現実のものになってきている。仮に日本で遠隔教育の趣旨が理解されず、普及しない場合、生涯学習社会に乗り遅れ知的分野育成の場から遅れることを意味する。生涯学習社会とは「やり直しのきく社会」

13

であり、弱者の可能性の扉を開く社会でもある。遠隔教育の基本は在宅学習であり、高齢化社会や介護社会に対応するシステムでもある。生涯学習社会は、自ら学んだものを社会に還元していく動的なプロセスそのものでもある。このような点から遠隔教育は、生涯学習社会を支援し人に優しい可能性追求型社会の実現に大きく寄与する。

　従来の遠隔教育は、通常の授業の補習モデルや代替物として認識されていた。その為に遠隔教育を中心とするシラバスを構成させることもなく、かつ授業の目的も通常の目的と同様に同じ設定することが一般的であった。しかし上述のように遠隔教育が普及することに伴い、今後通常の教育にはない遠隔教育独自の利点を生み出してゆくことが必要となってくる。また新しい教育手法は、常にその効果を効率的に検証することが大事である。これらを踏まえてインストラクショナルデザイン（以下、IDと称する）を意識して遠隔教育を実施した。IDは、教育の効果や効率を高める為の方法論で、1980年代半ばから米国で広く浸透した。この手法の最大の特徴は、教育方法の分析や設計といったプロセスに従って、体系的に教育を実施することに加えて、効果を検証する点にある。

　本書は、情報化社会の概観、更に制度的な課題があることを述べたうえで、相互対話距離の理論を軸に、IDに従って行ってきた遠隔教育実践から得た様々な質的データ、量的データを分析、評価し、実践の有効性や改善点を明らかにする。そして遠隔教育を阻害する要因を踏まえながら、ICT技術の発展によるナレッジ・ベース・ソサエティ[1]の高等教育の方向性を提示することを目指したものである。

1－1　情報化社会の発展と成熟社会

1-1-1　情報化社会の変遷

　1960年から1970年代を概観すると、工業化社会といわれ大量生産、大量消費の時代だった。この時代にはもちろん携帯電話やインターネ

ットは少なくとも一般の消費者には存在するものではなく、コンピュータの使われ方もかなり限定されていたものでしかなかった。しかし、例えばこの時代のリーディング産業といわれた自動車産業などをみると、コンピュータの管理による高速処理を重視し、工場レベルでのオンライン化に早くから着手している。こうしたシステムは、工業化社会の特徴である大量消費に対応する手段としてはかなり有効に機能したといえる。従ってこの時代の工業化社会も、その基礎にある技術は、ほとんどが情報技術に関連しているものであった。1980年代を概観すると、データーベース技術やシステム開発技術、日本語処理や音声処理、C言語[2]にＵＮＩＸ言語[3]、光通信技術などが注目され、更にコンピュータは大型から小型への移行が始まった。大量生産の工業化社会から個性や多様性が求められる情報化社会の始まりである。1990年代になるとインターネットを核とするネットワーク時代への移行が顕著となり、社会構造における知的生活指向が高まった。例えば芸能ニュース情報をテレビや新聞で私たちは得る。こうした仕組みも、芸能人のホームページ（以下文章から略してHPと称す）からの情報のほうが早く、正確であれば、まず既存のこうしたメディアもHPから情報収集をせざるをえない。しかし、これでは消費者と情報に到達する速度が同じことになる。更にこういうニュースは電子メールを使って配信サービスを行っているサイトで登録すれば、携帯電話や小型情報端末PDAなどをポケットに入れておくだけで入手できるようになる。インターネットは1994年には世界でわずか300万人が利用するだけであったのが、1998年には1億人を突破し2007年に14億人に達した。しかしながらその普及の度合いは地域別には大きな隔たりもある（図表1－2）。90年代後半では家庭では、パソコンと引き込まれた電話線を接続して、インターネットを利用した。初期のこうしたモデルでは、インターネットを利用すると家庭の電話が使えなくなり、トラブルも多かった。また速度が遅く例えば28.8kbps（1秒当たり1000ビット）のモデムでは動画のダウンロードなどは空想にしかすぎなくなる。こう

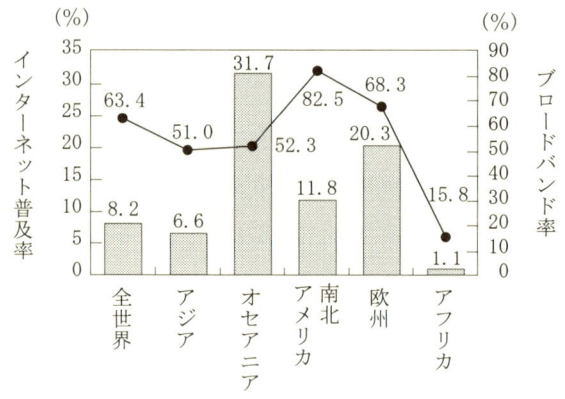

図表1-2 地域別のインターネット利用率

ITU "Free statistics, by country- "ICT-Eye"" により作成
出所:『平成20年情報通信白書』

した速度ではインターネットで見ることができる情報は文字データに限られ、画像を見ようとすればかなりの忍耐力が必要になってしまう。2000年に入るとDSL技術や圧縮技術、無線技術の高度化、人工衛星を使う技術などが急速に普及し、情報のやりとりに関わる速度は大幅に向上することになった。いわゆるブロードバンド時代の幕開けである。こうした急速な進歩の裏には、通信技術の開発も大きな要因であるが、1980年代から加速された規制緩和の動きにも注意する必要がある。

　情報化社会進展の背景は、マイクロプロセッサの進化にある。初期のこうしたコンピュータは、制作費は膨大でしかも維持費が大規模にかかった。例えばENIACは制作費が数百万ドル（当時）で、しかも稼動させると置いてある大きな部屋はあっという間に摂氏55度に達し、その消費電力はピッツバーグ市にも影響を与えるほどであったという。この大型コンピュータは、1秒当たり5,000回の演算処理が行えた。2001年一般的に販売されたペンティアム装備ノートパソコンは、1秒当たり5億回以上の演算処理を行えたが、2009年に富士通で開発した

第1章　緒　言

　CPUは、1秒間に1,250億回の演算処理が可能になった。インテル社の元会長であるゴードン・ムーア氏は、コンピュータの処理能力は18ヵ月ごとに倍増するという予測をたてた。これが有名な「ムーアの法則」であるが、驚くべきことにその予測はいまのところかなり正しいものになっている。国内だけでなく世界的に急速に普及している携帯電話も始まりは、1946年の米国セントルイス自動車電話からであった。国内では1985年にショルダーフォンが始まり、1991年に小型端末電話が登場する。今、当たり前のように使っている携帯電話も情報通信技術の発展がなければ私たちの手元には存在しない。
　パソコンの普及と低価格化は、周辺関連機器の機能向上と低価格化を進めることになった。周辺関連機器を大きく分けると3つに分類できる。①補助記憶装置、②入力装置、③出力装置である。
　①補助記憶装置は、例えばフロッピーディスク（以下FDと称す）があり、非常に薄いプラスチックのディスクに磁性体を塗布し、高速で回転させて書き込んだり、読み込んだりして使う。以前は8インチ判や5.25インチ判があったが、現在ではほとんどが3.5インチ判になっている。単価が安く文字データだけならば、容量が約1.4MBあるので4百字原稿用紙で1,700枚は入力できる計算になる。しかし絵文字やグラフ、インターネットから取り込んだ資料、画像などは容量がそれだけで大きくなってしまい、1枚のFDには収まらない。更に入力して記憶させてFDを持ち歩き、相手に渡すという運搬方法ではきわめて速度が遅くなってしまうが、ネットワークが広がるまでは、コンピュータ間の情報交換にはこうした方法が使われていた。こうした方法はスニーカーネットと比喩されていた。FDに対して、磁気ディスクは金属でできたディスクに磁性体を塗布、これを高速で回転させヘッドでデータを書き込んだり、読み出したりする。FDより高速で回転させるので書き込みや読み出しの速度が速く、記憶容量も大きくなった。普及が短期間で広がったCD-ROMは、オーディオ用のコンパクトディスク同様、コンピュータで読み込めるデータを記録したもので、

約650MBを1枚のディスクに収録することができる。名称（read only memory）にあるように読み出ししかできないので、書き込みが可能なCD-RWが登場し普及が進んだ。映像の録画と高画像化が簡単にできるようになると、こうした記憶装置は更に大容量の媒体が求められる。DVDは、その代表的なものでノートパソコンでも見ることができる機種が販売され、レンタルビデオでもDVDレンタルが広がり、既に主役はVTRから移行している。VTRもDVDも基幹技術は国産であるが生産は中国に移っている。いわゆる国内空洞化は急速に進展している。

②入力装置では、キーボードが一般的に普及しているが、もともと米国ではタイプライターが普及し、キーボードのキー配置もタイプライターに基づいて配置されている。この為に我が国では、キーボードアレルギーなどといわれ普及の阻害要因として挙げられたことがあるが、タイピング用ソフトなどの販売で短時間の練習により改善が可能である。最近では、タブレットタイプの入力装置によって、キーボードでなくても特殊ペンによって書き込んだ文字をそのまま入力させる機器も登場し、使われるようになってきている。マウスは手で持って、これを移動することで画面上のポインタも移動し、一体感によってコンピュータを非常に使いやすいものにした。文字をコンピュータに入力するだけでなく写真や絵などもスキャナで簡単にパソコンに取り込める。1997年に販売されたハンディスキャナタイプの機器で、英文の上にスキャナを載せると文字を読み取ってパソコンに送り、更にボタンを押すと英語を読み上げるものがあった。入力装置と音声認識を複合した機器である。カメラの世界も大きく変化した。フィルムを使用せず撮影したものをデジタルデータにして記憶、更にパソコンへ送ったデータは編集が簡単に行えて相手に送ることもできる。デジタル世界の特徴は、やり直しがきくといわれる。例えば撮影したデータを間違って削除しても、復元の為のソフトを使えば復元できる。現像する必要もなくそのままプリンタを使えば写真に近いものがすぐに出来上

第1章　緒　言

がる。デジタルカメラは既に今までの銀塩カメラより国内出荷台数が多くなり、生産台数も超えている。それはフィルムの需要を極限まで減少させる。

　③出力装置では、プリンタが一般家庭に広がった。プリンタの分類は印刷方式によって分けるとインパクト型（機械的衝撃力による印刷）とノンインパクト型に分類できる。一般家庭において普及が著しいのは、インクジェットプリンタ、企業などではレーザプリンタなどが使われているが、ともにノンインパクト型プリンタである。ディスプレイも代表的な出力装置であり、CRTとLCDに大きく分類ができる。CRTはブラウン管を使ったディスプレイで、多くのデスクトップ型パソコンに使われている。LCDは液晶ディスプレイでCRTに対して高価であるが、構造上（ブラウン管を使わない）薄型が可能である為、ノート型パソコンなどで利用が進んでいる。

　携帯情報端末としては、携帯電話とPDAが大きく普及している。既に携帯電話はPHSと合わせると契約者数が1億人を超えるなど1人1台以上という時代になっている（図表1－3）。更に電話機としての機能だけでなく電子メールという文字データの受発信配信だけでなくワンセグなどTV機能も含む多機能化がすすんでいる。携帯電話では音声データのやりとりは徐々に減少傾向にあり、一方文字データのやりとりは増加している。本書でも取り上げているが、携帯電話は遠隔教育にとってこれまでにない役割を果たす可能性がある。

　PDAといわれる携帯情報端末は、簡単な電子手帳から機能的に大きく様変わりを見せている。インターネットへの接続や電子メールの送受信、パソコンとはケーブルや赤外線を使いデータの送受信ができる。PDAの大きな普及の鍵は、携帯電話とノートパソコンの隙間をつくことができるかにかかっているが、その差別化をつくことができずに混迷している。しかし2009年に米国で発売されたキンドルは[5]、瞬く間に普及が進み、既にネットでの電子書籍の売り上げが既存の書店の売り上げを超えるという事態となっている。アップルから2010年に

図表1－3　携帯電話及びPHS契約者数の推移

年度	PHS	携帯電話	合計
平成12年度末	5,842	60,942	66,784
平成13年度末	5,698	69,121	74,819
平成14年度末	5,461	75,657	81,118
平成15年度末	5,135	81,520	86,655
平成16年度末	4,476	86,998	91,747
平成17年度末	4,692	91,792	96,484
平成18年6月末	4,770	92,869	97,639
平成18年9月末	4,880	93,812	98,692
平成18年12月末	4,890	94,936	99,862
平成19年3月末	4,980	96,718	101,698

出所：総務省報道資料より筆者加工

　発売が決定されているiPAD[6]の機能を見ると、電子書籍が既に出版という業界の中心になっていることが理解できる。こうした変化は、利用者が今まで紙の媒体を手に持って読んでいるという光景を変化させるだけのものではなく、今までの出版社と編集、利用者という関係を大きく変える。印税率なども上昇するであろうし、自費出版的な手法も変わる。旧体制を維持する、あるいは維持しようとする制度や法律は意味がない非効率なものになっていくばかりか、経済的な立ち遅れを意味する。こうしたインパクトは本書で述べている教育の問題とも深く関連する。

　情報通信に関わる機器が大きく普及する中で、次のようなことを理解するのが重要であろうと思われる。インターネットを背景とするデジタル化に対応する通信機器は、非対応機器を駆逐していくということである。インターネットで動画をダウンロードするのが当たり前の今日では、DVD-ROMやCD-ROMは広がるがVHSビデオテープはいらないし、音楽のダウンロードではカセットテープもいらなくなる。

機器の駆逐だけでなく、新しい情報や新刊をキンドルやノートパソコンに高速でしかも安く送ることができれば、雑誌や出版などの業界も大きく様変わりを見せる。日本が既存の業界を守る為に規制をかけるようなことをすれば、更に出版業界は立ち遅れる結果となろう。

1-1-2 情報産業と社会システム

情報産業は、以前はマスコミ産業などと同一視されていたが、現在ではコンピュータ、情報通信、情報処理の一体化によって形成された新しい知識産業を意味する。第3次産業としてのサービス業に含むという考え方には賛成できない。

産業構造の分類では、ペティ＝クラークの法則が最も有名であるが、情報産業はあらゆる産業に影響を与え今までの理論での分類は不可能である。成熟した国家においては、国民は健康などにおける関心が極めて高くなり食材の情報、例えば産地や肥料、賞味期限などにおいて重要な関心を持つ。決定的な違いは、情報化社会では生産者や消費者の区別なく情報を決められたマスメディア以外から入手できるということである。更に入手した情報をネットワーク上で回覧し精査することさえ可能なのである。農業や漁業において、生産者側はこうした情報を正確に消費者に届けるのが極めて重要になり、流通や顧客管理などでもネットワーク化はコスト低下と効率化をもたらす。クラークが唱えたように長い時間をかけて、第1次産業から第2次産業、そして第3次産業へと労働人口は移動した。

高度経済成長の結果、家電や乗用車は各家庭に行きわたり、飽食の時代を迎えた。更にアリのように働くといわれた日本人の長時間労働も年々縮小、教育の詰め込みも批判を浴びて教育時間も減少するなど大きく様変わりしている。週休2日になるとレジャー産業に人々の目が向くようになり、趣味も多様化するようになった。

インターネットはまさにこうしたスタイルに受け入れられる。そしてインターネットがもたらすものは、経済のグローバル化である。企

業の活動も電子上で積極的に展開され、英語を基軸言語として、ますますグローバル化が促進されネットワーク上の取引は簡単に国境を超える。規制が多い国や英語力で立ち遅れた教育を実施している国はこうした競争に乗り遅れ、瞬く間に5年が10年の差になってしまう。

1962年のフリッツ・マハループの「知識産業論」における産業論の立場からの知識の位置付けは特筆に値する。彼の分析における結論部分で、「技術が多くの財とサービスの状態を絶え間なく変化させる」というのはかなり正確な予見である。また「新しい技術的な知識は、肉体的労働から頭脳労働へ需要を移行させる」という指摘も現在の情報化に伴う知識産業に関わる労働人口の急増を見るとうなずける。

情報産業の発展は、工業社会の産業構造を変えただけでなく社会構造の変化をももたらした。すなわち知識の共有や生活パターンの高度化により、地方の時代や個の時代、女性の時代という情報化社会特有の社会構造が登場する。情報産業の発展による個の時代というのは、例えば労働の知識集約化についてみることができる。個人が情報を発信することが、極めて簡単になってきている。これは企業では1人の社員の能力が大きく評価される可能性を増加させる。しかしながら速度のはやい情報化に企業はもとより、個人がそれぞれに対応できる能力を身につけなければならない。更に常時こうした努力が必要になるのはいうまでもない。

社会システムとは、コミュニケーションが基礎になって形成される。その為に情報システムネットワークが不可欠の手段として利用される。また個人だけが結びつくネットワークではなく、そこへ国、地方公共団体、企業などとも双方向で結びつく社会的ネットワークが社会を安定させる社会システムを作り上げる。現在、大企業の隠蔽されてきた情報や無駄な公共事業における情報が内部告発という形で頻繁に公開され、社会問題として大きくマスコミで取り上げられている。こうした現象と情報化は無縁ではない。

急速に進む高齢化社会では、情報システムは最重視される。健康や

老後への関心度は高まり、健康を維持する為の情報入手に躍起となる。遠隔医療などのシステムは、医療におけるコスト負担を軽減する。離島など医師不足の地域でも医療の恩恵を受けることができる。精度の高いコンピュータにおける診断やデータ管理は医療ミスを減少させる。

　成熟化がすすむと、需要はかつての成長期と比較すると大きく減退する。大量生産システムを効率よく作った日本の自動車産業は、1990年代から非効率が指摘され大規模なリストラと縮小に入った。現在の自動車産業は知識集約化がすすみ、その中心にあるのが情報システムである。市場の需要を予測し、生産に効率よく反映させる。新車開発においては同じチームに所属するメンバーは知識の共有が簡単にできるようになったので、開発にかかる時間が減少した。完全な生産過剰の時代では、個人が好むようなモデルを供給とのバランスを考えながら、いかにコストを下げ作っていくかということになる。

　所得の向上が著しい中国でも、自動車の需要が急増しつつあり、こうした国においてどれだけ販売展開できるかという戦略も重要になる。以前のような工業社会においては、大量生産によるコストダウンと価格引下げという手法により需要喚起が行われていた。しかし既にこうした手法のみで、経済発展がもたらされる時代ではない。

　現在、ほとんど全ての産業で情報関連資本への拡大がみられ、電子商取引の拡大が顕著である。企業対企業、企業対個人、政府対企業、政府対個人とあらゆる取引形態にコンピュータが関わってくる。株式取引、貯蓄、保険、書籍注文や旅行予約、食材の購入にいたるまで情報産業と関連しないものがなくなる。電子決済ではもちろん金融機関に行く必要がないが、送金も電子メールアドレスを使って行うサービスが主流になる可能性が大きい。電子メールアドレスを全ての国民に付与するという考えがあるが、既に手紙のやりとりだけをメールで行う時代ではなくなってきている。国民の三大義務は、教育・労働・納税であるが、この全てが電子化と深く関わっている。途上国における情報化の進展は短期間における成熟化への移行を示す。むしろ長期に

わたる慣行や企業内部の人事管理システムがない国のほうが、電子化のスピードは早い。企業をとりまく環境は日々変化する。トップの判断力ももちろんだが、社内にいきわたり実行するスピードも重要である。その為には、「鳴くまで待とう、ホトトギス」式経営ではやっていけない。経営方針を迅速にたてる為の情報収集力、分析力、加工という作業が必要になる。

　資源の最適配分が産業構造を決定していた時代から、個の要請が産業構造を決定する時代へ移行したことを理解する必要があろう。米国に出張した友人に手紙を出そうとすれば以前ならエアメールで１週間かかったのが、いまならば電子メールでわずか数秒である。相手の勤務先であろうが自宅であろうが、住所を変更する必要がないだけでなく、同じ文書を10名にも50名にもほぼ同時間に送ることができる。もしもこれが個人ではなく企業間のやりとりであればどれだけの効率化を発生させるであろうか。手紙との優位性は議論とはならないほどの格差が存在する。情報を入手するのに場所を選ばなければならなかった時代から、いまや電車内や乗用車、駅や空港、学校や図書館、ハンバーガーショップで、インターネットにアクセスできる時代になったのである。

　遠隔教育は急増する登校拒否や健康問題で登校できないケースなどにおいて授業を自宅で受け卒業への扉をあける。翻訳ソフト開発で国外の学校への就学も可能になる。個人が得た情報をもとにHPやブログを作り情報を発信する。あらゆる社会問題に対するコメントと討論がインターネットで展開されるが、こうした情報ネットワークはSNS[7]やツイッター[8]などのコミュニケーションサービスによって一気に拡大している。既にツイッターの利用者は日本の人口を超えている。それは国境を越えて展開される。情報技術は翻訳技術の向上を促進させ、携帯電話に翻訳機能を組み込んだ新機種が市場に登場してきている。

　ユニバーサル・サービスの伝統は、1934年米国通信法で「全ての米

第1章　緒　言

国国民に対して、迅速で、効率的、全国的、世界的な有線通信および無線通信のサービスを適切な設備と低廉な料金で利用できるようにする」と明らかになっている。デジタルデバイドといわれる情報格差については、米国では多くの調査が実施されてその結果が明らかにされている。当初の調査で指摘された人種間の格差などは近年、縮小傾向にある。学校や図書館における情報化優遇措置、地域の技術支援センターなどにおけるトレーニング、余剰コンピュータの寄付、無料のインターネットサービスなど公共部門と民間部門の相互協力がこうした情報格差を是正した。我が国における情報格差は、おもに高齢者における情報技術の未習得における格差が指摘されている。しかし、地方自治体において実施しているパソコン教室などのITトレーニングや操作マニュアルの簡素化、トレーニングソフトの開発などによって是正が進んでいる。しかし急速に進んでいる情報化が社会システムとして機能するようになると、適応できない人は時に不利益をこうむる可能性が大きい。

　情報化という言葉は最近のものではない。パソコンの前に座りキーボードを打つ姿は、ノートを開いて鉛筆で文字を書くよりも見られるようになったが、日本で最初にワードプロセッサが発売されたのは1978年9月で既に32年近くが経過している。もっともこの機種の価格は630万円と高級乗用車なみの価格であった。1980年代から既に情報技術の進化で在宅勤務などが増加し一極集中が緩和され、ホームオートメーションも進むとの見方が多くあった。しかしながら当時の情報化は産業に大きな変化を与えながらも、社会に与えた変化は少なかった。630万円のワープロの例は別としても、誰もが使えるような情報機器が一般に普及しなければ社会へのインパクトは少ない。現在の環境を概観するとコンピュータは、我々の生活に深く入り込み、しかもネットワーク化されている。

　インターネットが規制の枠をはずれて、世界へ普及してくる1990年代においての情報化は以前のME革命とは本質が違っている。[9]マイク

ロエレクトロニクス機器（ロボット、省力化機器、NC工作機など）は企業で導入が進み生産性は大きく向上したが、こうした大型機器はもとより家庭の中には入り込まない。情報化が社会に入り込むということは、情報機器が多様化、低価格化し誰もが購入できるようになるのが前提条件になる。更に大容量の情報を高速で送ることができる通信ネットワークができあがることで次の段階を迎える。テレビやビデオの普及で動画時代を長く暮らしている私たちは、今こうした段階に達し、家庭の情報化の転換期を迎えている。パソコンでのテレビ電話やテレビ会議、大量のデータを高速で遠隔操作し送信する。ここで初めて遠隔教育や遠隔研修が具体化し在宅勤務なども現実化する。

　選挙における投票は集計センターと各家庭のパソコンを結び、本人確認のシステムが機能することで本格化する。各種世論調査などもインターネットで行われているが、ここ数年で精度が非常に高いものになってきている。検索エンジンのキーワードを探せば、今の一番の関心事を理解することができる。情報システムのこうした完備は、政治家にとって無視することができない存在になり、常に国民が何を求めているのかを知る為にネットワークを活用するようになる。HPで献金を募りメールで意見交換をする。米国では当たり前のことが、日本では公職選挙法がある為に個人献金を個人HPで募れないどころか、[10]選挙が始まって一番国民の関心があるときにHPやブログの更新が行えない。

　日本は国土全体の70％近くを山や森林が占めている。景観が悪くなる電話線を山々の村をつないで通信サービスを提供してきたが、現在では携帯電話を購入してもらい小規模なアンテナを建てていけば山の頂であっても通信は可能になる。電話線は不要になるばかりか、景観は保持され、しかもどこでも通話ができる。社会的なシステムの情報化には、国の関与が必要になる。なぜなら情報技術は社会システムと深く関わるからである。

　高齢化社会の中では最も重要な医療や行政が既に情報産業と深く関

第1章　緒　言

わっていることを考えれば理解できる。情報化は単にパソコンを通じての情報入手や電子商取引が行われるようになることを意味しない。それを証明する実例としてシンガポールのスマートカードは、キャッシュカードとしてのみ使われるのではなく、駐車場の鍵、あるいは認証IDカードとして1枚のカードが多機能化し公共セクターとしての仕組みを持ち、キオスクの端末では婚姻届、自動車に関わる様々な手続きなどが行える。社会的なシステムの情報化が実現することにより利用者は時間を有効に使えるだけでなく、役所の仕事を減らし円滑なサービスを少人数で行うことができるのである。

1-1-3　情報化とIT革命

　1990年代からの情報化は、我が国ではキーワードに代表される「IT革命」という言葉で表すことができる。つまり今までの既存のシステムからの変革を意味する。個人の電子商取引量は年々増加傾向にあるが、どこでもインターネットが高速でできるようになるとわずかな時間で、一番安い価格の商品を発見し注文できるようになる。こうなると高い価格の商品は市場から締め出され、価格は全体的に安い方向へ向かっていく。現在のデフレと情報化はおおいに因果関係を持っている。モノの価格が下落していくときには、技術は更に進歩する。売り手側の企業からみると、他の競争相手を駆逐しより高品質で高性能のしかも生産コストを押さえた低価格商品とサービスを提供するしかなくなる。電子商取引の多くが、地理的な制限や時間的制限を受けることがない。コンピュータソフトをある米国のHPで注文して、宅配便で自宅に届くまでにわずか3－4日である。その際に使う会話もなく、決済もクレジットカードで終了する。取引は生産者と消費者が直接会う場がネットワークで提供されることを意味し、取引量が増えれば既存の取引形態は大きく変化し、卸問屋や小売店は縮小する。情報化は、雇用形態にも影響を与える。情報システム導入にともなう効率化は、人減らしに拍車をかけ、新規採用社員については契約社員と

いう形態で採用する。年功序列型や終身雇用制という日本的経営システムは情報化社会における市民の行動様式によって成立しなくなっている。

　現在、公共工事の見直しなどの議論が、白熱しているが、かつては鉄道が国民経済の動脈として重要な役割を果たし、現在では電話網、データ通信回線ネットワークが経済の神経としての役割を果たす。情報インフラストラクチュア整備は、情報産業発展の重要な基盤インフラとなる。しかし基盤育成の手法については、いわゆるユニバーサルサービス的な日本全国にあまねく高速情報インフラなどというモデルではなく、利用者の動向や電子政策の進展度、また情報技術がどれだけの速度で進んでいるかを考えて政策を立案し実施すべきである。常時接続、定額料金、高速化によって今までのようにHPをただ見ていたり、メールの送受信のみを行う消費者は減少し、コンテンツ産業は注目を浴びるようになってきている。映像や音楽は既に家庭にインターネットで配信されており、画質も日々向上しつつある。ブロードバンド化は音楽を世界中どこからでもダウンロードするビジネス、あるいは画像や映像をダウンロードさせるビジネス、遠隔教育ビジネスなどさまざまな新しい情報産業を生み出していく。またパソコン自体の機能向上にも繋がり、音質を上げ、容量を上げ、静かに音楽や映像を楽しめるように音のあまりでない水冷式パソコンが登場するなどハードの大きな進歩にも繋がっていくのである。約13億以上の人口を抱えて情報化が猛烈な速度で進んでいる中国を見ると、このままの状況でインターネット利用者が増加すれば情報のやりとりの高速化が求められ、ブロードバンド化への移行が急速に進むことが考えられる。しかしながら中国における例えばテレビなどのメディア産業の質をみると、提供しているコンテンツの質は低いと言わざるを得ないがその差はいずれ縮小する。日本におけるインターネットで提供できるようなコンテンツはアニメーションやドラマ、教育やゲーム、電子出版に音楽と、日本への中国からの留学生が急増している現状を踏まえれば、市場が

大きいだけに新しい情報産業の核になる可能性がある。中国だけでなく欧州、米国、東南アジアと国や地域を選ばずに質の高いコンテンツを海外に輸出し、新しい情報産業として国内経済活性化につながるだろう。

　情報サービス産業の中で構成比が53.3％（2007年度）と半分近く占めるのが、受注ソフトウェア開発である。ERP（Enterprise Resource Planning）は企業の経営資源の総合管理を行う手法であるが、大企業への導入が進むにつれて中小企業への導入が進みつつある。

　SCM（Supply Chain Management）などの普及は関係取引先へも同様のシステムが求められることにつながる。部品や原料を調達して、製造し流通を経て、消費者の手に渡るというモノの流れをサプライチェーンといい、それを一本化して管理することをサプライチェーン・マネジメントという。その為には情報の共有が必要不可欠であり、インターネットで共有する仕組みは非常に簡単に作ることができる。

　サプライチェーン・マネジメントはインターネット環境が整備されることで本格化する。また、こうしたシステムを作り上げることは同じ組織での効率化を作るだけでなく、今までの固定的な取引関係を大きく変化させるインセンティブを生むことになる。サプライチェーン・マネジメントの成果は納期短縮という形で見ることができる。電子行政のプランも徐々に実行されてきており、旧システムからの移行は情報システムに関連する業務のアウトソーシングにつながり、これに関する市場は大きく拡大する余地は充分にある。

　現在、ブロードバンドという言葉に表されるように高速での利用環境も確立し、光ファイバーの利用率も伸びている。[11] HPの数は世界で50億超ともいわれ、誰もが情報を発信することが可能となった。HPで発信される情報量は大変膨大であるが、検索技術の進歩でキーワードを入力することで必要な情報に短時間でアクセスできる。ITは今までの日本型規制社会に大きな変化を与え、意味のない規制を撤廃させる力になった。

早くから市場原理を優先し、規制緩和、撤廃を進めてきたアメリカは、自身が起点となったインターネットを舵取りに使いながら、例のない長期景気を持続し、圧倒的なパワーで経済再生を成功させた。

　インターネット非課税政策は現実空間だけでなく仮想空間でもアメリカが主導権を握る自信のあらわれでもあった。情報化に成功した企業は、合理的な経営戦略を使って他企業を駆逐する。企業内外における今までの日本型モデルは旧型モデルと揶揄され、人間関係はもとよりフロアの形態も大きく変化した。社員全てがパソコンを使用する必要があり、メールアドレスは全員に与えられた。ナレッジマネジメントシステムといわれるリアルタイムでの知識共有が、最重要戦略の1つとなり、書類が社内を周回する稟議システム、飲み会での情報交換などは必要がなくなる。社内、社外でも頻繁にメールのやりとりが行われ、それを監視する社員も存在する。営業社員の居場所がGPSによって即座に把握され同地点より動かない社員には携帯へメールが送られる。

　同じサービスを受けるのに価格が変化する。空港のJALのカウンター[12]で航空券を購入するのとネットを介して携帯電話で注文するのでは価格が違う時期があった。銀行の振込み手数料は更に大きな格差が存在する。中古のソフトはオークションで入手できるし、電子マネーとの連動でポイントも貯まる。ホテルの宿泊はインターネット会員なら格安で利用できるし、予約もメールで行うので電話を使う必要もない。こうしたインターネット利用者には多くの特権が存在し、高かった通信料金も競争によって下落したのでその利用価値が高くなっている。

　情報をやりとりする速度がADSL[13]より速くなると、音声や映像が途切れることなく利用できるようになる。情報基盤がこのように確立してきている今日、動画サイトの利用者も急増し、昨日のTVの内容は翌日には公開されたりするようになった。

　教育の分野でもeラーニングが話題になり、教室で撮影した内容を

ストリーミング[14]やオンデマンド方式[15]で提供できる。いまや全ての単位を遠隔で取得することができる大学が存在し、いくつかの講義は携帯で配信されている。

　SNSに代表されるコミュニケーションのツールは、多くの人が参加し、意見交換を頻繁におこなっている。匿名で参加できる掲示板には、正確でここでしか得ることのできない情報もあり、誹謗中傷情報だけであるとは必ずしもいえない。5年前にある学会で報告者が、「インターネットで文字が最初に伝えられ、画像がこれに続いた。このあとに来るのは匂いである」と真面目な顔で言ったところ、会場は笑いに包まれた。しかし今ではこの話は現実となりつつある。また米国で継続されている火星探査プランの中にマイクを搭載している無人探査機が火星の音をひろい、NASA（National Aeronautics and Space Administration[16]）のHPからインターネットで全世界へ中継するというものがある。いずれ未知の音を私たちは自宅で、あるいは車の中や道路上でパソコンや携帯電話から聞くことができるだろう。

　インターネットの登場は社会に大きなインパクトを与えている。こうした社会では人間の感性そのものが新しい対応を求められる。今までにない変化をもたらしたインターネットは、しかしながら個性やオリジナリティを発揮する為のツールになっているか？　というと必ずしもそうではない。流通する情報量は飛躍的に増えたが、誰もが検索でひっかかる上位層のHPにアクセスすることから、利用する情報は限られたものになる。また新しい情報が発信されなければいつまでも古い情報が残されているだけのことになる。

　大学生に課題を出すと提出されるレポートが類似してきているのはインターネットの利用の仕方の一面性を如実に表している。情報発信の場は何もHPだけではない。掲示板やブログに見ることのできるコメント、インターネットラジオでは免許がなくても誰でも開局が可能で、自分たちの意見や知識などの情報を音声で発信できる。ハンディビデオカメラも性能が向上し、撮影した映像を公開すれば世界中で利

用する人が増えて国際理解や交流も増える。インターネットTV局としての情報発信の場を作ることが可能なのである。

世界でその普及が著しい電子メールは、メールマガジンで一定のユーザーに限定して発行ができる。こうした情報発信によって反社会的な情報は長期的には減少すると考えている。「悪貨は良貨を駆逐する」という俗に言うグレシャムの法則は、情報社会においては、「良情報は悪情報を駆逐する」と政策的に誘導する必要性がある。

情報化社会の進展によって情報基盤整備が市民生活にとって不可欠なものになった。戦後の日本は高度経済成長を遂げたが、経済成長率の高さと経済規模の大きさに対比して市民の生活環境への投資は必ずしも十分なものではなかった。国際的にみてGNPに対する社会資本水準の低位がそのことを物語っている。社会資本形成の中心も、新幹線、高速道路、ダムというようなナショナル・プロジェクトを中心として、その多くが産業基盤の拡充に向けられていた。こうした公共投資は、その与える経済効果については、ハード中心の発想であった。しかし情報化の進展で、公共投資についてもソフト機能の社会的利用が重視されなくてはならない時期がきた。それを代表するのが、情報基盤の問題にほかならない。

現在、電話網や光ファイバー網などのネットワークが国民経済の神経系統として重要な役割を果たしている。情報基盤整備は教育や企業経営、行政、個人生活にまで入り込むニューメディアの普及と相まって、新しい時代の社会システムの確立に不可欠な要因となる。これらの公共投資は、その物財的な市場経済への波及効果を考えるのではなく、その社会構造、経済構造に対して与える質的なインパクトを重視しなくてはならない。単なる産業的な連関効果ではなく、それの持ついわば社会的な連関効果を考えなくてはならないのである。情報基盤が社会資本としての性格をもつ以上、その形成が一定の社会経済政策の枠組みで行われ、かつまたその公益的性格からみて、その運営が何がしかの公的管理のもとに入るのは当然であるといえる。

こうした情報基盤の形成は大まかに米国型の市場メカニズムと欧州の公的形成という形に2分される。市民社会の構造性の相似性からみて日本にとって参考になるのは欧州型である。それは情報基盤整備が1つの社会システム形成の前提となっているからである。現在の公共投資は必ず何らかのシステム機能と結びつくものでなくてはならない。財源や透明性の視点からも特殊法人の扱いについては、国民の目が厳しい。道路における討論の激しさは逆に既得権への固執を感じさせ、構造改革という言葉は響きは良いがなかなか進展せず結果は見えてこない。交通路としての道路は生命線に近い役割を果たしており、地方ではその拡大を望む声があることも事実である。しかしITを使った交通システムによって効率化をはかり、物流システムを高度化させることで必要以上の公共投資を防ぐことができよう。

IT革命の象徴ともいわれる携帯電話の最初は自動車電話であった。1946年に米国セントルイスで始まり、日本では1954年に、当時の電々公社電気通信研究所が研究を開始した。しかしこの技術が一般に使われるようになるのは、1979年になってからのことである。1985年にショルダーフォンといわれる肩がけの大きな携帯電話のレンタルが始まる。

1989年になって自動車電話の基本使用料金が18,000円から15,000円に移行し、携帯電話器基本料金も23,000円から19,000円に値下がりする。しかし新規加入料も高くて、とてもすぐ普及するようには思えなかった。小型の携帯が登場するのは、1991年になってからである。デジタル方式サービスが登場したのは1994年、1995年には新規加入料が6,000円になり、1996年についに廃止された。

携帯電話をばらばらに分解すると、400以上の部品になる。極小の部品を組み立てるのは「チップマウンター」と呼ばれるロボットである。こうした技術は日本が独占しており、製造業など日本経済に携帯電話は本来は大きく貢献することになるはずであるが、世界の携帯電話市場においてはノキアが圧倒的に強く、国内ではキャリアの力が強

33

い制度にメーカーが技術力を必ずしも発揮できていない。

　携帯電話におけるメールサービスやインターネット利用も、最初は半信半疑での意見が多かったように思える。いまや一番大切なものに「携帯電話」を挙げる中高生が多数いて、肌身はなさず携帯と就寝するような状況になってきた。

　火事や地震などの天災を、ニュースで配信してくれるサービスもあり、利用者はどこにいても大きなニュースを知ることができる。先に起きたハイチでの大地震[18]では、被災者が数百万人に上る前例のない未曾有の大災害であるが、携帯GPSから埋まった人の居場所を見つけ出し、多数の人命を救うことができた。ここにIT技術の持つ大きな意義がある。途上国のハイチでも携帯電話は約50％の普及率を見込んでおり、この普及率が日本と同様なら更に多くの人命救済につながったであろうことは容易に予測できる。

1-1-4　成熟社会の到来

　日本における少子高齢化の波は、日本の社会構造の成熟度の1つの指標である。

　少子化と高齢化はそれぞれの社会的変動要因を独立した現象として生起しながら、しかも相互に関連しつつ新たな社会問題を生みだしてゆく。これらの関係の総体は、結局は1つの図としてはまとめきれない立体的な関係を作り上げてゆく。そして社会的構造連関の拡大はそのまま放置すればしばしば社会的な不均衡を拡大してゆく。

　社会的構造連関は、もともと産業連関と対比的に使用した用語である。産業連関理論は、投入産出係数が一定の条件を満たせば、与えられた最終需要に対して数倍の総産出量を生み出してゆく。社会的構造連関はその逆で相互に関連しあい、反発しあい、全体として社会的不均衡を拡大してゆくことになりかねない。特に社会を支えてゆく若者の人口減少は、教育機関にとってのみならず国家の基盤を考える上で重要な課題となってくる。

第1章　緒　言

　18歳人口の減少に対して国は2004年12月に「我が国の高等教育の将来像」を発表している。以下にその要点を抜粋した。

　「様々な変化を背景に、全体規模の面のみからすると、高等教育についての量的側面での需要はほぼ充足されてきており、同年齢の若年人口の過半数が高等教育を受けるというユニバーサル段階の高等教育が既に実現しつつあるとも言える。しかし、今後は、分野や水準の面においても、誰もがいつでも自らの選択により学ぶことのできる高等教育の整備、即ち、学習機会に着目した『ユニバーサル・アクセス』の実現が重要な課題である。今後、少子化の影響等により、在籍者数が大幅に減少して経営が困難となる機関も生ずることが予想される。中には、学校の存続自体が不可能となることもあり得る。その際には、特に在学生の就学機会の確保を最優先に対応策が検討されるべきであり、その為の関係機関の協力体制が必要である。」

　このように財政上の問題などに対して多少踏み込んだ内容もあるが、総じて抽象的で具体策に乏しい。そもそも文部科学省の試算より２年も前倒しで高等教育機関の定員は充足率が100％に到達しており、現在も急速に進展する少子化によって大学倒産という過去には想定できなかったことが発生し始めている。日本私立学校振興・共済事業団の調査では、４年制大学を経営する学校法人の44.3％が2008年度決算で赤字になっている。前年度は黒字幅が3,292億円であったが、それが445億円と激減している。背景には世界的な金融危機による影響があるが、経営は瀬戸際まで来ているという感は否めない。また教育制度を支える意味で奨学金制度は、意義のある制度であることは否定できないが、独立行政法人日本学生支援機構の公式見解でも、既に延滞している債権額だけで約660億円という巨額にのぼっており、事実上、返還の見込みがかなわないケースが多数を占めていると思われる。大

学が単独で行っている奨学金の多くは成績の上位者などに授業料の減免などを行うものであるが、こうした制度では先に授業料を払う必要があり、期日までに金額が用意できないとそもそも入学することがままならないということになる。米国の奨学金制度の規模や基準と照らし合わせてみても比較にならないくらい日本の奨学金制度は実態に即していない。

　経済問題に焦点をあててみると、平成10年から19年まで全世帯の1世帯あたりの平均所得は減少傾向が著しく、平成10年に対して平成19年は約100万円近くも平均所得が下落している（図表1－4、1－5）一方、高等教育機関の入学料及び授業料は、国公立、私立ともに授業料は大きく増加傾向にある。このような状況を考慮すると、各家庭は教育費の捻出に四苦八苦するケースが増えることが当然考えられ、高等学校同様に各大学でも授業料の未納による大学除籍者がここ数年で急に増加傾向している理由の裏付けになる。

　日本の高齢化対策の中心はいわゆる「施設収容型」と呼ばれるものが多く、福祉水準を計る指標は各自治体の持つ特別養護老人ホームをはじめとする公的施設数であった。地域システムとしての高齢化対策が、施設や道路、公園といった生活環境改善に向かうことは必然であるが、高齢者が受講しやすい教育の機会を作ることはリタイアしてからの長い人生設計の為には最も重要なことであると筆者は考察する。

　現在、地方自治体が中心になって高齢者大学などを作ってその機会を増やすなど努力は見られる。しかしながらどれも遠隔教育をベースにしたものではない。就学している高齢者の方に聞いてみると、やはり若い学生の中で講義を受ける抵抗もあるし、教室が実際にうるさくて講義を聞き取れないことなどもあったりするという。通学するのが負担と感じることもあるそうだ。授業料が大幅に軽減されて通学の負担もなくなる遠隔大学ならば就学を希望する高齢者の方にも教育を受ける機会を増やすことになる。

第1章　緒　言

図表1-4　1世帯当たり平均所得金額の年次推移

	平成10年	11	12	13	14	15	16	17	18	19
全世帯の1世帯当たり平均所得金額（万円）	655.2	626.0	616.9	602.0	589.3	579.7	580.4	563.8	566.8	556.2
対前年増加率（％）	△0.4	△4.5	△1.5	△2.4	△2.1	△1.6	0.1	△2.9	0.5	△1.9
高齢者世帯の1世帯当たり平均所得金額（万円）	335.5	328.9	319.5	304.6	304.6	290.9	296.1	301.9	306.3	298.9
対前年増加率（％）	3.8	△2.0	△2.9	△4.7	0.0	△4.5	1.8	2.0	1.5	△2.4
児童のいる世帯の1世帯当たり平均所得金額（万円）	747.4	721.4	725.8	727.2	702.7	702.6	714.9	718.0	701.2	691.4
対前年増加率（％）	△2.6	△3.5	0.6	0.2	△3.4	△0.0	1.8	0.4	△2.3	△1.4

出所：平成20年厚生労働省「国民基礎調査」より

37

図表1－5　1世帯当たり平均所得金額の年次推移

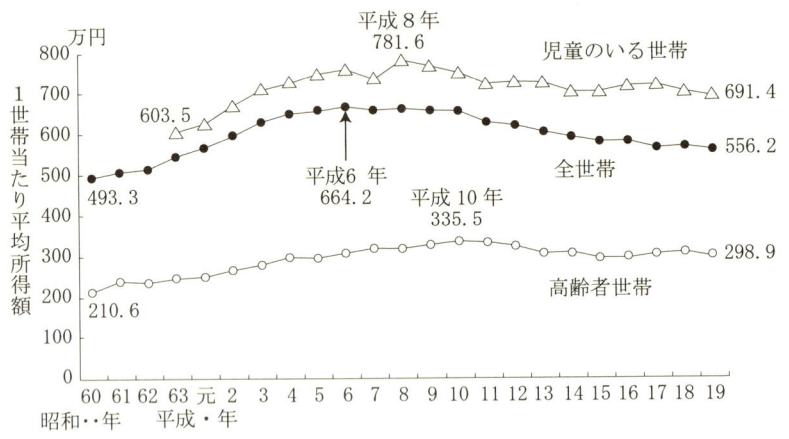

平成8年 781.6
児童のいる世帯 691.4
603.5
平成6年 664.2
平成10年 335.5
全世帯 556.2
493.3
高齢者世帯 298.9
210.6

60 61 62 63 元 2 3 4 5 6 7 8 9 10 11 12 13 14 15 16 17 18 19
昭和・・年　平成・年

注：1）平成6年の数値は、兵庫県を除いたものである。
出所：平成20年厚生労働省『国民基礎調査』より

1-1-5　情報基盤と遠隔教育

　急速なネットワーク技術の進展に伴い、企業や教育機関から家庭まで、インターネットを中心としたネットワークへの接続性は高速・広域化を見せている。インターネットを基盤とした遠隔教育も、アメリカでは数多くの大学で多様な試みが行われ、現状では全ての単位をオンラインのみで取得できる学部を併設したデューク大学の事例[19]など、多様化を見せている。

　一方、日本における遠隔教育の状況は、信州大学のSUGSI[20]、慶應義塾大学のSOI[21]における「SOI Global Studioシステム」等、数多くの意欲的な試みが行われているが、講義中継や講義アーカイブを主目的として取り組まれているこれらの方法は、日本の大学における教育環境の構造的な制約によって、多くの問題を抱えている。現状、日本において、大学の卒業に必要な単位を遠隔教育で全て取得するには、大学審議会による「グローバル化時代に求められる高等教育の在り方について」の答申にあるように、学生と講師が何らかの形で双方向の

コミュニケーションが取れることが前提であるとしている。[22)]これは実質的にインターネット上であっても講師は双方向性を維持する通信設備の前にとどまる必要があり、時間的、地理的な制約を受ける上、全ての生徒に双方向性をもたらす為には講義の受講者数の規模を制限することになる。また、全講義でこの条件をクリアにする為には、全ての講義に「SOI Global Studio」のようなシステムを構築する必要が発生し、遠隔教育のみで全単位の取得を実現させることに伴い大学が負うコストが、今現在、キャンパス設備を有する大学にとって障壁となることは明らかである。

　サイバー大学では、全ての講義を遠隔で配信しているが試験の認定については、本人認証が確定できない為に文部科学省より指摘を受けるなどの事態も発生している。日本の大学では現状としてオンラインで単位を全て取得するとことが制度として一般化していないが、大学の講義をベースとして情報技術を用いた遠隔教育を実現させることは、先の大学審議会「グローバル化時代に求められる高等教育の在り方について」にある「本来，単位制度は授業時間外の十分な学習を前提としているものであることを踏まえ，単位の実質化を図る為の教育方法上の工夫」として情報通信技術を使う発想と合致する。しかし、情報通信技術を用いた遠隔教育の有効性は、単位の取得と結びつけることだけが絶対ではなく、学生の学習支援においての優位性をもっと論じるべきである。[23)]そこで、講義中継・アーカイブ[24)]とは別の観点から、ICTを用いた遠隔教育の必要性と有効性を検証する研究が重要になる。情報通信技術の活用によるアーカイブ式のモデルを導入しようとした場合、制作における設備敷設のコストがまず問題となる。また、大容量に対するコストが発生する。講義を全てそのまま収録し、それが毎回追加されていくとすれば、大容量のデータ保存領域が必要となり、保存に対するコストは増加をたどる。仮に、講義更新ごとに以前のものを削除するとすれば、オンデマンド性[25)]は失われてしまう。これは一部ストリーミングを取り入れる手法によって回避が可能だが、講義の

配信時間が長ければ長いほど、同時多重アクセスに対処しなくてはならない問題が発生する。同時多重アクセスに対するコストとは、ストリーミングによる一斉配信はコストの上でメリットも多く尚且つ長時間の配信に向くが、同時に大量のアクセス集中することとなり、実現する為には相応の設備拡充が必要となる。また、講義をそのまま配信することにおいては、情報通信技術におけるインタラクティブ性を考慮しない事となり、配信形態自体において工夫の必要性と新たな負担が発生する。

1－2　先行研究

　先行研究であるが、米国で最初に遠隔教育の教育学的理論の枠組みを示したのは、Michael G.Moore[26]であり、教育は「同一空間内の教育」と「遠隔教育」の2通りの教育形態があると仮定し、遠隔教育を「教育行動が学習行動から切り離されたところでなされ、同一空間内の学習者の面前で行われる教育行動を含み、教員と学習者間のコミュニケーションが印刷、電子、機械やその他の装置を介して促進されなければならない教授法の集合体」と定義した。一方、教育で重要な意味をもつコミュニケーションについては、ドイツのBorje Holmberg[27]は遠隔教育の基礎をなす根本概念として学習者と教員との対話を取り上げた。彼は遠隔で教えるということは「対話」でなければならないと主張した。

　インターネットが普及する以前から遠隔教育については、上記のような先行研究が豊富に存在しているが、オンライン教育についての研究は、Russellが、以下の分類で普及要因を取り上げて分析している。

1．グローバライゼーション
2．技術変革
3．IT技術の活用

4．経済合理性
5．高等教育により提供されたモデル
6．伝統的な学校への認識

　特に5で上げている高等教育におけるオンライン教育の普及が、オンライン教育を1つの選択肢としてどのように受け入れられるかについてのモデルを提供したことが大きな功績であるといえる。
　Rumber（1992）[28]は、遠隔教育について財務的な観点から述べている。遠隔学習機関は、比較的少数の科目を多数の学生に提供する限り、最も費用対効果の高い方法である。しかしながら提供する科目が増えて1科目あたりの生徒が減少すると規模の経済が働かなくなる。米国にとってここで得られた教訓は、あらゆる遠隔教育機関は非常に限られた科目数を広域に提供すべきということである。全国や少なくとも地元の学生を対象に限られた数の科目を提供することに特化した機関が増加すれば、規模の経済の結果、学生が低コストで良質の教育を受けられる1つのバーチャルオープン大学になっていくと述べている。
　小さな従来の学校システムや大学の場合、いったん開発と配信技術の初期コストが支出されれば、あとはわずかな費用でプログラムレベルの遠隔学習コースを提供することができる。Rumberが予見したことは、遠隔教育機関と教室をベースにした伝統型教育機関との融合である。言いかえれば、双方のタイプの機関が、遠隔教育と対面授業を組み合わせて提供するようになるだろう。時には同じ科目が2つの方法で提供されるかもしれない。
　こうした状況は、遠隔教育の形態でコースを提供する割合が増えている多くの米国の大学でますます一般的になっている。こうした融合は異なる状況下において遠隔教育と対面授業のそれぞれのメリットを享受しようとする動きを示しているSmith,P.,& Kelly,M.（1987）[29]通信技術への関心から、Garrison and Shale（1987）[30]およびGarrison and Baynton（1987）[31]は、「学習グループが半恒久的に存在しないこ

と」が遠隔教育の特徴的な要素だとするKeeganの考えを批判した。彼らは遠隔教育には「教員と学生間で何らかのやりとりや対話がなされる可能性」があり（Garrison and Shale,1987,p11）「このようなやりとりを媒介する技術メディアが必要である」と主張した。彼らは、Keeganの定義はあまりにも限定的であり、「私的な印刷教材しか考慮しておらず、新世代の技術利用について十分に考慮していない」（Garrison and Shale,1987,p9）と論じている。GarrisonとBayntonは更に、学習者の自主性という概念に注目した。学習者の自主性は不断の変動要因である。つまり全ての人は学習や学習を継続することについて自ら決定する自主性の要素を持っている。

　全てのプログラムは、コースデザイナーが意図したものでなくても、ある程度個人が選択できる要素が含まれている。コースやプログラムを学習者の自主性という変動要因で分類するとき、我々は学習者や教員がどの程度学習過程を管理できるか、とくに学習の目的を決定したり、教育方法を実践したり、評価できるかによってそれらを分類している。学習者が何を、どのように、どの程度学習するかを決定するに際して非常に強い自主性を発揮していれば、学生が教員にその判断を任せている時よりも教員からの管理は明らかに小さくなる。Garrison and Baynton（1987）は、この概念を取り上げて更に発展させた。管理は外部の影響からの独立や自由を与えるだけでは達成できない。学習者が学習過程を管理したり、発展させたりするのは、これら3つの要素（何を、どのように、どの程度学習するか）の動的なバランスがあるからである。学習の速度が増せば、構成度は高く、学習者の自主性は低く、教員の管理はより大きくなることを検証した。

　国内の先行研究では、対象学年を問わず様々な事例研究が豊富であり、特に最近では講師と学習者のコミュニケーションが注目され、その活性化が図られないモデルは学習者のモチベーション低下を招くという分析結果もある。しかしながら全般的に総じていえることは同期・非同期モデルの違いとその効率性を中心にしたものなど個々の事例を

検証してのデザイン性を導く見解が多い。

村上は遠隔教育では共有感が重要なキーワードとなり、それを高める為に集団内の結束力を高め、また対等な関係を作る為の対話性を重視したシステムを構成することに考慮すべきと述べている。[33]

対面型であろうが遠隔教育であろうが、対話性が重要になることはいうまでもない。技術的な制約があった時代から変わって現在のコミュニケーションのツールは、対面型よりもある意味、障壁の低い対話性を提供する。

そういったコミュニケーションの手法として普及著しいツイッターの導入事例やグーグルが提供するシステムの運用例などは先行研究では、ほとんど見られない。高等教育機関においての導入についていえば、教員がその利用価値を自ら知っていなければ積極的な導入は進まない。

1-3　知識の共有と情報発信

米国のマサチューセッツ工科大学（MIT）は2002年9月より10年計画で2000コースを超える全講座の教材をインターネット上に無償公開するプランニングを実施している。世界の誰でもネット経由で最高水準の授業内容を利用できる。これは大学教員の知的資産をオープンソース化する世界初のプロジェクトである。学内外の区別なく全学の教材を無償で利用させ、かつ転用の自由を認めるのは初めてのことである。こうしたオープンソース化は遠隔教育の1つのモデルではある。このモデルではコミュニケーションが成立せず、資料の閲覧利用を個人がネットで行えることは今までの教育のデザインに大きな影響を与えうるが、既存の高等教育が置き換えられることにはならない。リソース学習は学生にリソースへのアクセスを要求するが、これはしばしば閲覧やダウンロードに高速の接続を必要とするマルチメディアを使うことを意味する。図書館やそこに収められているジャーナルへのアク

セスはインターネットを使えば容易であるが、電子ジャーナルにアクセスするライセンス料は安価ではないし、ハードコピーの講読もライセンス料を支払っていないと許可されないことが多いので、大学にとっては大変高価になる。更に、アクセスはキャンパス内の環境によって制限されているケースも多い。

1-3-1　メールマガジン

　小規模な組織の場合、情報共有をいかに行うかは悩みの種である。ここでいう小規模とは履修者が少ない講義と想定する。組織内のグループ間のやりとりは、どうしても各グループの代表者など一部の人だけが把握することで精一杯であったり、情報共有から断絶されているグループが発生したりということも少なくないし、その結果、自分たちだけが知らない、知らされていない、といった軋轢の種にもなりかねない。Webサイトを運営しているのであるから、インターネット上に情報を置いて、アクセスしてもらうことで情報を共有することも可能であるが、その場合、運営しているサイトと別個に内部向けのページを用意しなくてはならなくなる。この場合有効なのが、組織内の情報共有ツールとして組織内に対してメールマガジンを配信するということである。

　主目的は組織内の情報共有である。講義で使用した資料などを登録したメールアドレスに配信する。1日に何コマもある中等教育機関においては、実現性に距離があるが、週に1コマ程度の高等教育機関においては可能であろう。ただし、メールマガジンを通じてディスカッションを行うことは推奨しない。メールマガジンの設定のよっては、購読者全員に対し返信することができ、それに対して更に返信することも出来る。本来少人数でメールのやり取りを共有する場合、こうした「メーリングリスト」としての機能は有効であるが、メールマガジンにおいては必ずしもそうとは言えない。おもに2、3人のやり取りが過激化していった結果、その内容を逐一メーリングリスト購読者全

てが見なくてはならなくなる、という事態を避ける為にもメールマガジンの配信の設定は基本的に一方向性で行うべきである。

1-3-2　インターネットラジオ

　インターネットの普及期から、映像コンテンツなどに比べて、比較的音声コンテンツは容量が少ないことから多くの場で利用されてきた。特に、音声を圧縮する技術、MP3[34]が利用されるようになってからは、インターネット上で音楽が数多く共有されるようになった。

　インターネットでは瞬時に世界中と情報を共有することができる。従来は電波を使い放送という形でしか運営できなかったラジオも、インターネットでは同様の事を誰もが簡単に始める事ができるようになったことで、インターネットラジオ局が数多く誕生することになった。

　インターネットラジオが指し示す範囲はとても広範囲であるが、リアルタイムで発信されるか否かの大きく2つに大別される。リアルタイムで配信されるラジオは、基本的に「ストリーミング」といわれる、独自プロトコルを用い配信する仕組みを利用し、帯域の負担をなるべく減らすべく運用される。リアルタイム配信のメリットは生放送が行える点、ストリーミングのメリットは同時多数のアクセスに向く点、と言えるから、音楽などのライブの模様を生放送で伝える際に効果的である。また、編集の手間を省きたい番組に向くが、その分準備は大変である。また、生放送を行えるサービスを提供しているところもあるが、全て自前でやるとなると手間とコストがかかる。非リアルタイム配信は、基本的に番組内容をMP3などの形式で1ファイルとして固め、それをダウンロードして聞いてもらうといった仕組みである。

　また、収録した内容を公開する際にあまりに同時多重にアクセスがあり負荷が大きいと考えられる場合は収録番組であってもストリーミングで配信される場合もある。メリットは、発信側は何より手軽に始めることができる点、利用者にとってはいつでも時間の制約にとらわれず聞いてもらうことができる点、番組内を自在に早送りしたり巻き

戻ししたり、聞きたいところから聞いてもらえる点にある。基本的にダウンロードして聞く訳であるから、ファイルと言う形でPCに残る。これらのことから、ファイルを自分が持ち歩いている音楽プレイヤーや携帯電話に転送して好きな場所で好きな時に聞くことができる点は最大のメリットともいえ、現在世界的に圧倒的シェアを持つ「iPod」[35]などは、その仕組みとして「ポッドキャスティング」と呼ばれる仕組みを正式に取り入れている。

　従来のラジオ放送では速報性を生かした生放送のものと、録音しておいたものが混在して展開されている。もともと、多くのマスメディアは保存をしないその場限りでの情報の消費を前提としている面があるから、比較的新しい情報発信の場としてのスタンスが高いと言える。その中で、保存したいものについては利用者側が独自にテープやMD[36]で録音するというように、送り手は送るだけ、受け手は必要なものだけを保存するといった両者の関係でやってきた。リアルタイムの、ストリーミングタイプのインターネットラジオはどちらかといえばそういった従来のラジオ放送に近い趣向が見受けられる。一方、非リアルタイム型のインターネットラジオは、「いつでもどこでも」聞ける点が従来との最大の差違であり、その場合、そのコンテンツは公開日に聞いてもらえるか、それとも1ヵ月たって聞いてもらえるかは判らない。「速報」を織り込んだところで、それを後になって聞いた人からすると「なぜいまさら」と感じることもあり得る。従ってコンテンツにおける優先度として観た時に、いつ聞いても楽しめるものを意識する必要がある。

　ダウンロードして聞いてもらう非リアルタイム型のインターネットラジオにおいての課題は、「公開したタイミングで聞いてもらいたい」「公開したことを出来るだけ早く知って欲しい」という事である。公開日を決めておく事は大切であるが、インターネットの巡回において、「毎月15日に」、或いは「毎週土曜日に」と足を運んでもらう習慣をつけてもらうことは難しいものがある。

第 1 章 緒 言

　フィードが普及していく中で、こうしたインターネットラジオなどの音声コンテンツも配信していけるのではないか、ということで、その仕組みを取り込んだのが、iPodを使う上で利用する「iTunes」[37]という音楽管理ソフトである。iTunesはフィードの仕組みを用いて、直接公開されたインターネットラジオファイルをiTunes上に取り込むので、iTunesを起動すれば利用者からみると常に番組の最新回が配信されている状態となる。そして、iPodを繋げば、自動的にiPodへ転送することができるから、外にも番組を持ち歩け、移動中の時間などに最新の番組を聴くことが可能である。「ポッドキャスティング」の「ポッド」とは「iPod」の「Pod」、「iPodへキャスティング（放送）する」という意味から「ポッドキャスティング」と呼ばれるようになった。既に講義、もしくは講義の一部分をこの仕組みを使って配信するという試みがなされている。講義をプレゼンテーション方式で行っている教員が多くなっていることを考察すれば、使用しているPCで録音することで講義後のネットラジオによる配信は比較的簡単に行える。既存のHPにUPし1ヵ月ごとに古い音声情報から削除すれば1－1－2で提起した資源の浪費という問題からも回避できる。（ケーススタディ4－1－4で実施）

1－3－3　SNS

　SNSとは、コミュニティ型のWebサイトであり、知人間を仮想空間上で結びつける手段や場を提供する。友人を紹介していく機能で世界へ広がっているが、この特徴はゼミナールなどのクラス単位で講義を行う形式では、小グループによるSNSの利用が可能な点にある。

　外部から情報を見られる心配がなく、情報を共有できる。遠隔教育のコミュニケーションの場として利用価値が高いといえる。

1－3－4　ブログ

　ブログがそれまでHTML[38]を書き換えて行われていた情報発信に対

し、何が違うのかといえば、「始めるまでの早さ」「更新のしやすさ」「誰でも出来る」といった点が挙げられる。「始めるまでの早さ」は、HTMLを書き換えていた時代にはまず、「情報発信を始めよう」と思い立ってからの時間がかかっていた。HTMLを記述する為の言語を覚え、情報をアップロードする為のサーバー領域を確保し、FTP接続の知識を得て、アップロードして初めてインターネット上に自分のページが出来る。

これがブログであれば、無償でブログサービスを提供している会社からサービスを選び、会員登録を済ませばページは既に完成している状態となる。「更新のしやすさ」は、従来であれば、更新も非常に手間のかかるものであった。FTPに接続する為の環境もさることながら、HTMLを記述できる人しか更新が出来ない為、例えばグループでホームページを運営している場合、ミスを見つけた人がその知識を持っていなければ、担当の人が更新可能な状態になるまで待つしか方法が無かった。これがブログであれば、サイトを運営する誰もが、いつでもどこからでも更新が可能であるし、携帯電話等でも手軽に追加を行うことが出来る。

「誰でも出来る」＝誰もがやっている、ということは非常に重要な項目あり、一部の技術を身につけた人間が運営可能なHPにはそれはそれで、一定のステータスと言える時代があった。そのような技術勝負でなく、中身次第で誰もが注目を勝ち得ることが出来る時代になったことで参加者が増えることはコンテンツの多様化に繋がる。

ビジネスの書類や講義で提出するレポートなどのドキュメントを作成する際、主に「Microsoft Word」等のワープロソフトを利用するケースが多い。ワープロソフトは文書作成と簡単なレイアウト作業に最適化されており、装飾や図表の作成といった機能と併せて、簡便にドキュメントを作成することが出来る。

ブログというのも、インターネット上にブログの記事を作成する為のソフトがインストールされているのだと考えると理解が早い。実際

にブログの記事入力画面というのは、「Microsoft Word」等のワープロソフトのインターフェースに酷似している。また、「Microsoft Word」では「印刷プレビュー」ボタンを押すと印刷イメージをみることが出来、「印刷」ボタンを押すとプリンタを通じ文章が印刷されるが、ブログも同様で「確認」や「プレビュー」を押下すれば記事がどのように出力されるのかを確認でき、「投稿」や「保存」を押下すればブログ上に記事がHTMLなどの形式となって出力される。

ブログというサービスは、文章作成からページへの出力までのワンパッケージのソフトと言える。インターネット上に存在する様々なブログをみていると、音楽が聴けるページがあったり、映像が再生できるページがあったりと、多彩なページがある。実際に本書籍においても、音声コンテンツの作成や映像コンテンツの作成についてみていくし、その成果物をブログに掲載することを前提としている。しかしながら、現在のブログ単体では、映像や音声コンテンツを作成することは出来ない。「Microsoft Word」との比較例でみたように、ブログはあくまで文章作成から出力された記事を管理するツールである。「Microsoft Word」に、手の込んだ表計算結果を載せようと思えば、「Microsoft Excel」を利用し、写真を貼り込むには自分で画像を用意する。その画像も加工が必要になれば、画像加工のソフトを利用する。ブログも、画像や音声や映像というものを貼り込み、表示する事はできるが、それらを作成するツールではないということを認識する。一方で、ブログは記事管理に関しては非常に多機能なものとなっている。

1-3-5 携帯小説

携帯小説は、中高生を中心に大きな広がりをみせており、一般の中高生が書いた内容が話題になって既存の出版でベストセラーになったなどの事例もある。携帯電話を持っていれば誰でも無料で利用可能であり、情報発信の事例として既に大きなインパクトを与えつつあると

いえる。

　誰でもが情報発信を行えて、ペンネームを教えてもらう方法で投稿した原稿にアクセスが可能であり、PV数も投稿者が確認できる。学習する領域によっては、利用価値があり、アイデア次第では教育に取り込める可能性がある。しかし規制が事実上ないので暴力的、性表現などで教育上問題のあるコンテンツも含まれて公開されているので課題は多い。

　注────
　1）知識が最も重要な役割を果たす社会になっているという意味で平成13年文部科学省中央審議会にて公式に使われた。
　2）1972年にAT＆Tベル研究所のDennis M.Ritchieが作成したプログラム言語。
　3）代表的なコンピュータ用のオペレーティングシステム「UNIX」で使用される言語。
　4）アナログ回線を使用する上りと下りの速度が非対称な高速デジタル有線通信技術。
　5）Amazon.comが販売する電子ブックリーダー。
　6）米国アップル社のタブレットPCで電子書籍に対応する。
　7）人のつながりを広げてゆくコミュニティ型のWebサイトで近年、爆発的に広がっている。
　8）個々のユーザーがつぶやきを投稿することで繋がりが発生するコミュニケーションサービス、世界では2009年6月時点で1億人を超えて更に利用者が増えている。
　9）半導体電子素子に制御ソフトウェアを組み合わせ各種機器に応用されること。
　10）楽天が国内で政治家へネット献金をできる仕組みを平成21年に始めている。
　11）総務省の発表によれば2007年全国で82.6％の高普及率。
　12）株式会社日本航空の総称、現在経営再建中。
　13）電話線を使い高速なデータ通信を行う技術。
　14）ネットワークを通じて映像や音声などのマルチメディアデータを視聴

する際にデータを受信しながら同時に再生を行う方式。
15) ユーザーの要求があったときにサービスを提供する方式。
16) 米国における宇宙開発に関わる計画を担当する連邦機関。
17) フィンランドの携帯電話会社、世界で圧倒的なシェアを占めている。
18) 2010年1月12日にハイチで発生した大地震、死者は約23万人という大災害。
19) デューク大学では、MBA取得の為のプログラムを開講しており、オンラインのみで全単位が習得可能な点に注目が集まっている。コストで見れば、実際に大学に通うよりも高負担となるが、こうしたプログラムに人気が集まる背景には、時間的制約にとらわれず講義が受けられる事において社会人の利用が多いことがあげられる。このプログラムにおける一般的な大学生の年齢層（18歳から22歳）の男女における利用率は16％ということからもそれが伺える。
20) Shinshu University, Graduate School of Science and Technology on the Internet、信州大学が開設するインターネット大学院。
21) School on the Internet Working Group、慶應義塾大学を初めとし、大学におけるあらゆる教育資源をデジタル化し教育資源を共有することを目的としたプロジェクト。登録する半数以上が社会人という背景からも、こうしたインターネットリソースへのニーズは社会人に多いことが伺える。
22) 現在、直接の対面授業に相当する教育効果を有すると認められる一定の態様の遠隔授業によって取得できる単位は、卒業に要する124単位のうち60単位が限度とされている（特区申請などによる事例は除外）。
23) これは先の、大学審議会「グローバル化時代に求められる高等教育の在り方について」においても「情報通信技術の活用による授業時間外の学習支援」という項目で言及されている。答申中、「単位の実質化を図る為の教育方法上の工夫として、各大学において、インターネットを初めとする新しい情報通信技術を活用し学生の学習支援に努めることが望まれる。」とある。
24) 複数のファイルを1つにまとめること。
25) ユーザーの要求があったときにサービスを提供する。
26) 遠隔教育分野の世界的権威であり、米国で最初の遠隔教育に関する学術誌の創刊者。

27) 欧州を代表する遠隔教育理論の権威で特に対話性を重視した。
28) Rumber, G (1981). The cost analysis of distance teaching : Costa Rica,s Universidad Estatal a *Distancia.Higher Education,*10, 375-401.
29) Smith, P., & Kelly, M. (1987). Distance Education and the Mainstream : *Convergence in Education. London:Croom Helm*
30) Garrison,R.,& Shale, D. (1987). Mapping the boundaries of distance education :Problems in defining the field. *Amer .J.Dist.Educ.,* 1 (3),7-13
31) Garrison,R.,& Baynton,M.(1987).Beyond independence in distance education:The concept of control. *Amer.J.Dist Educ.,* 3(1), 3-15
32) Keegan,D.(1980).On defining distance education. *Distance Education 1*(1),13-35.
33) 「遠隔教育特有の授業デザイン及びシステムの評価研究」村上正行、2005. 9 。
34) デジタル音声の為の圧縮音声ファイルフォーマットの1つ。
35) アップル社によって設計および販売されている携帯型音楽プレイヤー。
36) デジタルオーディオ記録用の光学ディスク媒体およびその規格。
37) アップルが開発及び配布しているメディアプレイヤー。
38) Webページを記述する為のマークアップ言語。
39) ネットワークでファイルを転送する為の通信プロトコル。

第2章　遠隔教育の発展と阻害要因

2−1 制度分析

2−1−1 大学設置基準法と規制緩和

　1999年3月に、大学設置基準法の改正により同時性、双方向性を確保した遠隔講義の単位が60単位まで認定されるようになった。ここでは双方に教員がいなければ単位認定はされなかったが、2001年3月には同時方向性がなくても、面接授業と同等な教育効果が確保されると評価される場合には、遠隔授業として単位を認定できるようになった。また通信制大学においても2001年から卒業単位全てをメディアを利用した授業で修得することが可能になった。

　文部科学省中央教育審議会が平成17年1月28日に発表した答申「我が国の高等教育の将来像」や平成20年12月の総会で取りまとめられた答申「学士課程教育の構築に向けて」の中で、高等教育は「教育活動の多様化」に対応する為に「教育改善」を行うことが求められている。これらを実現する為には教育活動を構造化し役割分担を確実に行う必要がある。また答申の中では「双方型の学習展開が重要」とも指摘されており、この両面を考慮したとき、遠隔教育を活用した教育活動を効果的に実施することが1つの手段となることが期待されていることは明らかである。また文部科学省の平成19年度学校基本調査によれば、大学数は761校あり、その中でも通信による教育を行う大学は48校ある。通信制の大学では、自宅の通信教材を使った自己学習に加え、スクーリングと呼ばれる面接授業による単位修得が義務付けられている。これは一定の単位（30単位以上）を大学の教室等で受講することである。ところが近年のICT技術の発展によりインターネットによる動画配信などを行うことで、スクーリングを自宅で受講できるようになった。これにより理論上は一度も大学へ通わずに卒業することが可能になった。遠隔講義が対面型講義同様に行えると実証できた場合は通学の必要がなくなる。現在の大学の時間割をみると多くの場合、学生に

とって非効率な組み方しかできていない。身体に障害があって通学ができない学生や自宅で療養中の学生も現在の制度では大学を卒業することに高すぎる障壁が存在する。90分という大学の講義時間についても遠隔での補講とセットすることができるならば柔軟に短縮させるなどの検討も行える。

大学の3年次後半からは多くの学生が就職活動を優先しているのが現況であり、こうした社会事情に対する制度変化も望まれている。確かに3年卒業制度もあるが、こうした制度を利用するには乗り越えなくてはならない学生側の障壁があり[1]、遠隔教育システムなどを使う講義を4年次で配信したり企業のインターンシップの単位化などが、教育と就職活動のミスマッチを防ぐ現実的な仕組みとして機能する。

日本の大学は単位制度を基にしており、設置基準第21条には「1単位の授業科目を45時間の学修を必要とする内容を持って構成することを標準」との1単位の基準が記載されている。旧設置基準では、講義科目1単位は15時間の教室内における授業と30時間の教室外における自習で構成されるとして規定されており、特に講義科目は授業の2倍の時間を予習・復習等の自前学習に当てることが求められていた。しかし現実には講義以外に教室外で予習・復習を行っている大学はほとんど見られない。結果として現在行われている講義時間は規定より少ないものになっている。この教室外での予習や復習は遠隔教育で対応させることが最も効率的であろうと思われる。そもそも規定に沿って講義が行われていないことを考慮し、全ての高等教育機関が予習・復習に当該する教育をおこなわなければならない。本書で取り上げているケーススタディのいくつかはこの部分に該当するモデルとして推挙できる。

日本初のネット大学である八洲学園大学の授業は、インターネットでライブ配信されている。ライブ配信であれば授業の進行や学生との質疑応答、タイムリーな話題提供、学生の出席意欲など多くの点で対面型授業と同じスタイルになる。しかしながら多くの大学で実施され

ているのは、ライブ配信ではなく、オンデマンド配信授業であり、授業コンテンツの制作や編集、管理業務、著作権処理、スタジオ収録、オーサリングなど期間的、コスト的に大きな負担となる。最も大きな問題の1つが、著作権法第35条（学校その他の教育機関における複製）にあるライブ授業とオンデマンド授業によっての取り扱いの差異である。ここで示される授業で使う複製物の範囲がリアルタイムの中継方式であれば合法とされるが、オンデマンド方式ではその利用の仕方については大きな制限が課せられるということにある。更にオンデマンド方式の授業でも授業の配信頻度と授業時間は対面型授業に準拠、学内ネットワークないし配信先が、履修登録学生に限定されても学生は公衆とみなされ、公衆送信に関する法律が適用される。

　こうした制度的な問題が、現在の遠隔教育を効率的に高等教育に組み込むことのできない大きな原因にあたるのは間違いない。上記著作権における問題は、それらの権利がいかなる場合でも絶対的に保護されるというわけではない。著作権はその文化的側面から、権利の内在的な制約に関して早くから議論が行われてきた。我が国の著作権法について考えてみたときに、教育機関における授業担当者が、自らの教育活動に供する為に必要限度の著作物の複製を行うことは許されている。同様に、映画やインターネット上の情報などをプロジェクターで受講者に提示することも許される。ただしその著作物が問題集など、個々の受講者が購入することが想定されているような形式である場合には、著作権者の利益を不当に害すると考えられる為、許されない。

　遠隔教育のコストについての議論を概観すると、キャンパスの外からアクセスを試みる学生にとっては資本コストが高くなる。更にコンピュータが必需品であり、維持費用やソフトウェア費用もかかる。しかしながら住居費や交通費などの軽減が発生し、時間が効率的に使えることを考えれば学生にとって低コストは大きな魅力となることは間違いない。

　ヨーロッパでは多くの大学で欧州単位互換システム（ECTIS）[2]が採

用されてきており、英国では単位累積互換システム（CATS）[3]がかなり前から利用されている。したがって、学生は単位互換システムを使ってコースを組み合わせることができる。例えば、キャンパス学習で1年間、バーチャル大学のオンライン学習で2年間というように、学士コースを完了することができる。自分の学習したい科目を履修できる柔軟な仕組みであれば学生のモチベーションは自ずと高くなるだろう。

　ECTISに関する公式文書では、「必要な個人的学習、インターンシップ、論文、その他のボランティア活動や起業を考慮しなければならない。セメスターごとに単位もしくはECTISを認定する。学士は180単位、修士はそれに追加して120単位が要件である。ヨーロッパの各国において、教育年限の1年には60単位が即応する。単位は講義や演習や実習の時間量を現している。企業研修がこれに参入されることは大きな変化である」とあり、このような制度は欧州における学生の流動性を高めるだけでなく、学生の選択の幅が大きく拡張することを意味している。[4]

　我が国の大学設置基準法を順守するとこうしたEUにおける柔軟な各大学において認められる単位の互換システムを作ることはむろんできない。遠隔教育による単位の互換制度は、名古屋工業大学大学院における特別聴講生制度などの限定された枠内での仕組みはある。遠隔教育のようなグローバルな教育の仕組みが情報化の進展で世界に拡大していくなかで、EUの取り組みは教育の質を向上させることを容易に想起させる。情報基盤が先端的に進行している我が国であるのに、対応できる仕組みが制度の弊害で機能しないとすれば、それは更なる学力低下をもたらす要因になることが危惧される。

2-1-2　著作権法第35条

　遠隔教育を円滑に行うようにする為には著作権の扱いが非常に重要なものになる。著作権はいくつもの権利が束になったもので構成する諸権利の中で、遠隔教育と密接に関わってくるのが複製権、公衆送信

権、送信可能化権である。

　複製権は著作権法上「著作物を印刷、写真、複写、録音、録画その他の方法により有形的に再製する権利」と定義されている。公衆送信権は、放送や有線放送・インターネット・電話回線等の公衆に対する情報の送信が可能な手段を用いて著作物を送信する権利である。送信可能化権は、未だ公衆に対して送信されたとはいえない状態であっても著作物であるHTMLファイルをWWWサーバーにアップロードするなどして随時公衆送信が可能な状態にしておくことができる権利である。

　平成16年1月1日施行の著作権法改正によって第35条（学校その他の教育機関における複製）による著作権の制限が、拡大され学習者による複製、遠隔地での授業への公衆送信等が著作権者等の許諾を得ずに行えるようになった。特に重大な項目は第2項のガイドラインにある以下の内容である（図表2－1）。

図表2－1

事項	条件	内容
授業を同時にうけるもの		○授業のリアルタイムの中継 ×登録された学生でないもの ×授業をあらかじめ録画しておき後日配信すること ×オンデマンドで配信する授業における著作物・複製物の使用 ×授業使用後も利用できるように、著作物等をホームページ等に掲載すること

著作権法第35条第2項より抜粋

　つまり授業のリアルタイムの中継方式以外は、複製物等についての著作権は著作権者の許諾を得ないと利用できないということである。本研究のケーススタディでも非同期型で何度でもくり返し利用可能なモデルの配信をおこなっているが、このモデルを作成するにあたり再三議論が繰り返されたのが、著作権法の問題であった。非同期で繰り

返し閲覧できる動画での遠隔教育のモデルでは（ケーススタディ4-1-3）担当講師が使用するパネル問題や紹介する事例においても全てオリジナルでのコンテンツを利用しなければならないことになる。実際には例えば数学での問題を考えてみた場合、類似したような問題がどこかにある可能性は否定しようがない。写真を見せて講義を行うような場合でも実際に本人かスタッフが自ら撮影した写真を全て使用しなければならなくなる。100の教材を使うような講義を想定したら、その全てに著作権許諾の許可を取る必要性が発生する。非同期での講義コンテンツを作成する労力は大変過大なものになる。

　私的複製の他にも、図書館等における複製（同31条）、引用等（同32条）、教科書等への掲載等の為の複製（同33条）、時事事件報道の為の利用（同41条）などの権利制限規定が設けられている。こうした細かい規定は革新的な技術開発や創造的なサービス、ビジネスモデルの可能性を閉ざす可能性もある。米国では、フェアユース（公正な利用）と呼ばれる包括的な権利制限規定が置かれており、著作物の性質や利用の目的などに照らして裁判でフェアユースの主張が認められれば権利侵害とならないこととされている。環境の変化に柔軟に対応する為には、日本でもフェアユース規定を導入すべきだとの考え方もでてきている。[5]この分野の技術やサービスは進化の速度が速く常に新しい解釈や立法措置が必要になる。

　1973年の文化庁の報告書では、コンピュータの内部記憶装置における著作物の貯蔵は、瞬間的かつ過渡的で直ちに消去されるので著作権法上の複製には当たらないとの解釈を示した。しかし第1章にも記述したようにコンピュータは進化し処理高速化の為にメインメモリのコピーなどの情報蓄積を自動で行うようになっている。これらは瞬間的・過渡的とは言えないが著作物の使用・利用に関わる技術的な過程において生じ、付随的・不可避的なものであり合理的な時間の範囲内であれば複製権の侵害とはならないとされてきた経緯がある。自由な情報流通を発展させる為には、著作権により独占的な利潤を獲得するよう

なことよりも、むしろ情報を共有することが重要だという考え方もある。

スタンフォード大学のレッシング教授が提唱するクリエイティブ・コモンズは著作者がコンテンツに対して著作権を保持しながら一定の自由を事前に許諾することを表示する仕組みを提供するものである。著作権制度には権利者の権利保護・創作意欲維持と知的財産権の有効活用・利益促進との両立を図ることが求められている。⁶⁾

2-1-3 サイバー大学の事例

サイバー大学は2006年11月末に文部科学省より設置認可し2007年4月に開校した100%ネット大学である。日本初の株式会社形態でのオンライン教育で学士号が取得できる4年制大学という特徴を持つ。サイバー大学は、福岡市による特区申請⁷⁾を利用し、ソフトバンクを筆頭株主に他、電力会社などが出資して設立した。大学の理念は、「場所・時間を問わないインターネットによって学ぶ意欲を持ったあらゆる人にライフスタイルにあった教育の機会を提供する」というものである。

現在、在校生はその70%以上が社会人学生である。動画で提供される授業は、視聴するだけでは出席にならず小テストやレポートが組み込まれシステムの基本となっている。特徴は学生約25名に対してメンターと称するTA（Teaching Assistant）を配置して相談などのサポート業務を一手に引き受けていることである。設立してすぐに問題としてあがったことが本人認証である。授業や定期試験を受けているのが対面型方式でない為に、本人であることの認証をどのような方法で行うのかという遠隔教育での大きな課題である。現在、サイバー大学では入学時に学生の顔を登録し、受講時にはWebカメラで顔認証による確認を実施している。定期試験の時には、常時カメラを起動する監視カメラの状況にして試験を行う。むろんIDやパスワード、ワンタイムパスなどの利用を組み込み、精度の高い認証方式をシステムの中核にしている。

授業方式ではライブかオンデマンドかで著作権法の対応（学校向けの特例の適用）に差異が生ずる。リアルタイムでの授業配信は問題があまり生じないが、オンデマンドだと授業で使用する教材や複製物の使用は著作権での問題が発生することが考えられるので、全ての教材はチェック済みのものを利用できるよう大変コストと手間がかかる準備が必要になる。

　株式会社形態による学校経営といっても、収入は授業料が一単位21,000円という単位ごとの授業料収入が主たる収入源であり、教員やメンターにかかる人件費やサーバーや授業に関わる安定的なシステムを堅持するには、莫大なコストがかかる。むろんこの形態の大学では、私学助成金の対象にはならない。創立して3年目になるが、赤字による運営が続いている。しかしやむなく入院をしている人や身体に障害がある人も、自宅などから遠隔で授業を受けているケースがある。経済的な事情から大学に行くことができず、仕事をしながらサイバー大学に入学する人も少なくないという。ここに遠隔教育の持つ1つの大きな可能性を見いだすことができる。

　2010年1月現在の聞き取り調査では、サイバー大学の卒業率は20％台に乗ることが予想されており、この卒業率は放送大学や他の通信教育学部とは比較にならないほど高いものである。税金を使ってわずか3％から5％にしかならない卒業率を10年以上続けているこうした教育機関は、制度の問題の是正を行ってこなかったことを改めて反省する必要があろう。サイバー大学では、対面型方式でしかできないといわれてきた部活動やサークルもSNSなどの仕組みを利用して複数の活動が自主的に行われている。保健室や図書館は、仮想空間にも実際の空間にも用意がある。担任制度を持ち、大学教員が積極的にサポートにあたって学生が希望すればいつでも教員とコンタクトすることができる仕組みとなっている。

　厳しい基準をクリアしても採算が短期的に取れない大学の運営は、企業の社会的貢献という経営者の理念と支える企業の屋台骨が、しっ

かりとしていることが必然となる。しかし、この制度では限られた企業しか参入できない。また東京の千代田区と福岡市にしか認められていない限られた特区申請制度も大きな阻害要因である。生涯教育を支える為の高等教育機関が、積極的に遠隔モデルを組み込んで対応していく姿勢を見せることで制度や法規制の転換も可能になる。

　通常、通信教育学部の卒業率は3から5％でしかない。放送大学も約5％という数字での推移が続いている。例外をあげれば早稲田大学人間科学部通信教育課程があり、卒業率は39％という数字をあげている。対面型が少なくなることでの不安感やコミュニケーションの不足を補う為に1クラス30名制やBBSのホームルーム開設などを行った効果が如実にあらわれている。授業の内容をビデオやCDに録画して、受講生にただ配布するだけの仕組みや、メールを一方的に送るだけの仕組みでは、モチベーションは低下し途中でドロップアウトすることが多くなる。サイバー大学は、こうした点を重視して通学の機会を必要としないが、ネット上にコミュニケーションの場を頻繁に用意している。スカイプなどを取り入れて顔が見えるように配慮しているケースもあり、こういった冗長度の法則に乗ったシステムを導入することで、相互対話の機会を抽出し、教員やメンターがサポートしている。

　大学設置基準法では図書館や医務室などについての設置が義務付けられているが、サイバー大学でもネット上の医務室や図書館のみは認められず、実際に医務室や図書館を用意している。これもまた制度上の弊害の一例であろう。

　相対的な価格の変化は、制度変化の最も重要な要因とされる。経済学者以外の人にとって相対価格の変化にそのようなウェイトを置くことは理解が困難かもしれない。しかし相対価格の変化は人間の相互作用において個々人のインセンティブを変える。情報費用の変化、技術の変化は特に大きな制度変化の要因になる。サイバー大学の事例は、この仮説を大いに証明している。

2-1-4　サポート要員とメンター

　TAの制度も多くの大学で既に取り入れられ、実施されている。しかし彼らの役目は、我が国では多くの場合、実験・実習の補助である。教員の労働力の代替という、TA を使う教員側の便宜を図る為の制度であるとの認識が支配的である。雇用における学内の規定は、事務処理的な業務となっており能力のある学生にも教員が行っている仕事を代用させることが難しい場合がある。

　遠隔教育を議論するときにサポート要員の問題が提言されるケースがある。成績管理や運営システムを構築する場合、サポート要員はそれぞれのプログラムに対応したプロセスの記録を行う。講義番号による分類を行い、データーベース化を実施する。例えばどのような講義改善要求があるのか、それにどのように対応したか、その結果どうなったのか、記録を利用することで効率的な改善が行える。こうしたデータベースを利用するという新しい業務が構築されることにより、その参照方法についての検討という新しい認知モデルの提案が発生する。例えば講義改善要求とその対応における変化については、有効と思われるメール内容を日時で整理し、担当者（デザイナー）に通達する。

　こうしたシステムは教員にとって担当講義改善に対する強いインセンティブにつながる。大講義における質問事項についても、データベース化することで担当教員が利用できる。どのような箇所に理解が足りないか、関心が高いか、という個別分析が可能になる。講義改善要求とは別のファイルにわけて２層構造にしておくことが望ましい。こうした認知モデルに則った業務を行う為には、それぞれのセクションに分別したサポート組織を作ることが効率的なサポート運営につながる。大学は情報化を進めシステム管理部門を主にネットワークについて重点的に投資、整備をすすめてきた。成績管理や運営の仕組みを自前で構築する場合、サポートシステムについても要員育成や業務を行える環境について、積極的な支援を行う必要がある。

米国などではいくつもの大学や大学院で、既にインターネット経由で入学、履修とプログラム受講が可能になっており学位を取得することもできる。インターネット白書2002によると我が国の高等教育におけるインターネットの活用は大学では100％という報告がある。[11]

過去において実情としては進んでいないという指摘に対しては、回線の速度の遅さや高額の通信料金の負担などの要因があったが、これは現状で既に改善が急速に進んでおり、その主たる理由としてはあてはまらないものになっている。平成12年11月に行われた大学審議会改革案でインターネット等活用授業を含む60単位を遠隔授業で可能にすることも決定している。しかし、大学で提供する教育の形式は様々なモデルがあり全てのモデルをインターネットで実用化するのには方法論が多様化しており、効果的な統一されたモデルは現在確定されていない。

Webを通じての学術分野の映像配信においては現段階では講義を完全収録しそのまま配信するというケースがある。しかしながらこうしたモデルではコスト的な問題、閲覧や操作性、おもに受講者のインフラというような問題から実用化に至っているモデルは非常に少ない。情報の高速化が確立している大学内でも動画を閲覧するだけでもいくつかの問題が発生する。[12]

それに対して、補講モデルは講義における必要な最小単位として配信することで閲覧性を向上し、またインターネットの検索性をそのまま利用できるメリットがともなう。米国クリントン政権下における重要な政策としてインターネット普及は推進されてきたが、なかでも2000年までに全米の学校をインターネットに接続するプランは有名である。学校が低コストでインターネット接続ができるようにFCC（連邦通信委員会）は多くの支援を行い、[13]かつ予算上の教育における情報技術の活用に対する大幅な増額は、[14]米国の教育のIT利用における可能性を予測した措置であったといえる。ITを効率的に教育に利用する為には、情報基盤の確立が前提となり、情報通信ネットワークが脆

65

弱であればシステムとしては機能しない。

　我が国においても遅ればせながら2000年7月の第2次森内閣の政策において初めて「IT革命」という言葉が使われ、その中でITと教育の重要性に触れ、「情報」科目の設置などを小中高などの中等教育に入れ込むことが方針に盛り込まれた。[15]学校がHPを作り、学生がその場で学習内容を発表する、教室においてインターネットで持ってきた資料を見せて興味を引かせる。あるいは電子メールの利用により、コミュニケーションの新たな方法が開かれた。

　こうした時代からわずか数年でインターネット接続のコストは低廉化し、パソコンの価格も急下降した。ブロードバンドに対応できる環境下では、既に本格的な講義配信が始められる環境化にある。学生がこうした教育を効率よく享受するには、まずこうした技術を使え読み書き能力があることが前提になる。講義内容のファイル管理や教員との電子メール応答、あるいはWebCT（電子掲示板による電子討論）、インターネット検索、文書作成処理、資料の解析、図表作成や関数計算などをパソコンで行えることで遠隔教育の効果をあげることができよう。更にこうした教材を提供する教員やサポート側にも、同様もしくはそれ以上の情報活用、処理能力があることが前提になる。かつOdazはコンピュータだけではなくデジタルカメラ、スキャナ、インターネットなどの使い方を熟知していることで、教育の効率化が向上するとしている。[16]したがってサポートを行う学生は、こうした情報活用能力が必然的に向上するので、今後、社会から求められる中・高等学校情報担当教員としての適性につながる。またサポートを希望する学生は企業SEや情報教育への関心がもともと高いので制度的にカリキュラム変更を行い、「情報」などの免許が取得できるようにすることがのぞましい。（2001年に東洋大学経済学部社会経済システム学科「2007年度に総合政策学科と改称」は筆者が中心になり、教員免許申請にともなうカリキュラム変更を行い、文部科学省に申請し、既に高等学校における「情報」教員免許については認可されている）。更に情報系の資格

取得を組み込んだ講義を2－3年次において選択で開講することで、こうした講義を受講した学生の中からサポートへの雇用を促進するようなシステムを補完する。講義そのものが単体で機能しているケースが多いが、この組織プロセスは複合的にモデル化の計画を作成する。

　大学生の学力低下を指摘する声が大きくなっているが、入学してからその傾向が顕著に見られるのは夏期休暇の後であると識者の多くが指摘している。つまり講義の継続性が途切れてしまうことに一因があるといえる。遠隔教育では講義に継続性を持たせることが充分可能であり、そもそも夏季休暇の2ヵ月など不要になる。ケーススタディ（4－1－3）で実施した事例では休暇を意識せず自主的な討論を繰り返して行った。対面型講義においては大学設置基準法にあるように規定の講義を実施することが義務付けられているが、筆者のゼミナールでは対面型が1年間に24回のゼミを実施し、仮想空間上での質疑応答や調査した結果をグループあるいは個人でWebサイトへ発表した。計測すると対面型講義より長い時間の遠隔教育を行っている。

　しかしながら大学の規則上ではこのようなものはあくまで"自習"扱いであり単位としてカウントされない。インターネットを活用して仮想空間上であっても一定の条件が整った講義ならば相当の効果が期待できる。従って夏期休暇中でもこういった講義を実施して、単位を認めるとなれば柔軟なプログラムが学習意欲の向上に結びつく。更にゼミ単位で行う講義の延長にはそれぞれ学生の選択するテーマが全く違う卒業論文指導がある。これは4年次で開講されているが、最近の就職状況からすれば特に前期は通学という形態をとらずに、インターネットを活用する形態として行ったほうが効率的であるし教育効果も高い。ただし受講者の環境を100％受講できる環境にしないと格差を生ずる可能性もあり、こういった点についての配慮も必要になる。ゼミではなく通常の講義では、試験があり本人認証の問題も生ずる。従って全てを仮想空間上で行うのではなく、仮想空間上モデルでは補足することのできない試験やサークル、体育実技、部活動などは、教室

や運動場という環境で緊張感がある中での指導が望ましいケースもあるだろう。生涯教育に対応させる為には、遠隔教育と対面型との選択可能な場を高等教育機関は作るべきである。大学設置基準の改革もこうした実証に基づいて対応できるより柔軟な制度が、よりインターネットの活用を教育効果と結びつける。情報技術の教育への導入は、まず人間の役割や大学という組織特性に関して理解が不足していると効果を示すことができない。

遠隔教育では、受講者の少ないモデルではコミュニケーションの整理や対応が短期的に行えるが、受講者が多数になると対応が難しい。ケーススタディ（4-1-2）でも担当講師へ質問のメールが増えた為に実質的に講師の負担度が増え、重複した質問への対応システムが用意されていない為に対応に苦慮したという報告を受けている。

全カリキュラムを遠隔教育で実施するモデルでも、米国での指摘にもあるようにその課題の1つが孤独感にある。向後（2004）は、その孤独感への対応を遠隔でのホームルーム制度という交流の場で解消できるのではないかと述べている。[17] 遠隔教育においては、特に孤独感や動機付けの低下などの課題に対応する手段として対話性を持つことが、極めて重要と位置づけることができる。大学院での論文指導もICTの活用により、個別での対応が可能になっている。実際に社会人の大学院生に聞くと仕事で通学できないときに、こうしたシステムは大変ありがたいと回答している。[18]

遠隔教育では利用の仕方から講義の質問、レポート提出や添削、試験まで全て行うことを完成型としてとらえ、この形式をとれないと生涯教育に100％対応ということにならない。今までの講義ではSAやTAという形で大学内における資源利用でしかも多くは、教員の資料配布や出席サポート、試験の結果を転記するという事務的な作業が中心となっていた。前述したように遠隔教育では、対応能力が高い者が求められる。単純なサポートではなく、専門的な能力を持った人材が多数配置されることが遠隔教育を理想的な仕組みとする基幹部分となる。

第2章　遠隔教育の発展と阻害要因

本書においてはこうした人材をメンター[19]と称し、サポートとは区分けした人材育成の場を大学院に強く求めたい。

　大学院では高度な専門性の高い教育を行っているが、教育を実質的に経験する学生とのコミュニケーションの場はほとんど用意されていないのが実情である。もちろん資料配布などの事務的な作業にあたるTAは多いだろうが、遠隔教育での対応をTAに担当させることでのプラス効果は大きい。メンターの役割として特に重要な核になるのが、学習者の感情などに関わる支援である。受講者のモチベーションを維持させる為に受動的に支援するだけでなく、時に積極的にメールなどで学習の動機づけに関わることも大切なことである。対面型では担任制度によってクラスの学生管理等を教員が行っているが、同様に遠隔教育においてもメンターが受講者の担任としての役割を果たす。問い合わせの質問を長時間放置してしまうような体制では、遠隔教育の効果は水泡に帰す。既存の高等教育機関でなければこのようにメンターを教育して対応するシステムを作ることは資源的にハードルが高いと思われる。情報基盤を整備するだけでなくメンターを育成し、活用していくソフト面の仕組みを整備することを行う必要がある。

2-2　情報発信を阻害する要因

　遠隔教育を阻害する要因としてコンピュータウイルスやネットワーク犯罪が挙げられる。

　1986年の「パキスタン・ブレイン」というシステム領域感染型ウイルスが世界最初のコンピュータ・ウイルスと言われている。これはあるパキスタン人の兄弟が、プログラムの違法コピーを警告する為にコンピュータを起動すると、単に氏名と住所だけを表示するだけのプログラムであったのにこのプログラムが拡散するなかで誰かにより、破壊的なプログラムに作り変えられた。仮に善意によってできたものであっても、悪意の第3者によって作りかえられてしまうことがあると

いうことである。サイバー社会にはこうした犯罪に終りがなく、常時接続、高速通信という環境が普通になってきている現在、ますます被害の増えることが懸念されている。システム管理者が知らないうちに、サーバーにプログラムが侵入し増殖、特定企業のHPやシステムに攻撃を加えれば損害賠償が管理者に求められる可能性もある。遠隔教育を行う高等教育機関にとっては企業が顧客情報を順守しなければならないと同様、学生の成績情報など個人情報の管理が義務付けられる。近年、企業からの個人情報流出などが多く発生しコンプライアンスなどが社会的に求められているが、こうした問題と同様に考える必要がある。

　近年、ウイルスによるネットワーク犯罪が激増している。代表的なウイルスにはブートセクタウイルス、プログラムウイルス、マクロウイルスの3つがあるが、ワープロソフトや表計算ソフトのマクロプログラムで作られるウイルス（マクロウイルス）における被害が深刻である。2006年3月IPA（情報処理推進機構）の報告書ではコンピュータ・ウイルスの被害のうち、92%がメールに添付されたものであるという。これは一般的になった電子メールの添付ファイルから感染するから、こうした知識のないユーザーが自分で知らないうちに感染し被害を更に拡大するとういう要因がある。これに対してはウイルス対策ソフトを使用し、頻繁に定義ファイル[20]を更新するなどの対策が有効である。1度ウイルスに感染してしまったら、新たな感染を防ぐ為にウイルスに感染したコンピュータをネットワークから切り離す。またメモリにウイルスが常駐している可能性もあるので、いったんコンピュータの電源を切り外部ディスクから起動後、ワクチンソフトを利用して、チェックをする。ワクチンソフトとは、ディスクの中のファイルがウイルスに感染していないか検査し感染している場合は駆除するソフトである。新型のウイルスが現れればすぐ、それに対応するワクチンがインターネットで配布される。今までの常識を打ち破るようなウイルスも登場する。「ニムダ」[21]はメールに添付されてきたファイルを

あけると感染するというものではなく、特定のHPにアクセスしただけで感染する。危惧しなければならないのは、インターネットが普及すればするほど、常時接続、高速通信環境が整えば整うほど、こうした犯罪も多様化し増加するということである。一般のユーザーが使いやすい環境になればなるほど、マナーやセキュリティに熟知していないユーザーも急増し被害も同様に増加する。クラッカー[22]などによってウイルスなどが混入されたり、大量のメールを同時刻に送信し続けようなことがあれば高等教育機関の受ける損失は多額に及び、社会的な責任を負うことになる。遠隔教育を行うということは学生の情報管理業務が今以上に重要な業務となる。多くの利用者にとっては識別の為にパスワードやIDが配布されるであろうが、こうしたパスの定期的変更の重要性やID管理を早くからの情報教育に結びつけなければならない。対策のマニュアルができたときには既に新しい形態の犯罪が発生する。また、こうした犯罪には厳罰でのぞむような法的な改正も必要になってくる。あらゆるシステムは変化に対応する必要に迫られている。

インターネットは、コンピュータの操作をできる人なら誰でも世界中に情報を発信できる能力をもたらした。しかも発信者は匿名で無責任な発言を繰り返すことさえ可能である。

ネットワーク犯罪を放置すればそれは、情報化社会を機能不全に追い込み遠隔教育はむろん実施できないことになる。

注———
1) 該当する大学院への進学が前提条件的に組まれていたりすることがある。(制度化はしていない)
2) 欧州での大学生間の移動を容易にする為に共通の単位、成績の認定手続きを提供する仕組み。
3) ポイントが単位になっており約2時間が1ポイントで累積できる仕組み。
4)『成熟社会の教育・家族・雇用システム』浅野清、第5章P.132－133。
5)『Information―情報教育のための基礎知識』山田肇監修、NTT出版、

「情報と法」情報流通と著作権より引用。
6）『Information―情報教育のための基礎知識』山田肇監修、NTT出版、「情報と法」情報流通と著作権より引用。
7）構造改革特別区として規制の特例措置が取られた。
8）コンピュータを利用したネットワーク上の掲示板サービス。
9）スカイプ社が提供するP2P技術を利用したインターネット電話サービス。
10）機能を遂行する為の要素または手段を余分に付加し、一部が故障しても全体の故障にならないよう配慮すること。
11）「インターネット白書」2002。
12）例えば動画共有サービスなどを学内で学生が利用できないようにしている大学もある。
13）米連邦通信委員会（FCC）はインターネット普及の為、通信業者から資金を徴収し基金を設立、実質年間22億5000万ドルにのぼる利用料金の割引を行った。
14）クリントン大統領は、1997年から5年間で20億ドルの予算を充てることを提案し、1997年予算として2億ドル、1998年予算として4億2,500万ドルの予算を決定している。
15）第149回での森総理の所信表明演説より。
16）Odasz,F.[2000],"Collaborative internet tools," *Learning and Leading with Technology*, 27.
17）「eラーニングにおける授業内容と授業形態：実践からの示唆」向後千春、2004、PC.Conference.論文集。
18）東洋大学大学院経済学研究科大手町サテライトから、Webカメラを使用して講義を遠隔で受講生が聴講できる同期型のモデルを2009年から実施している。
19）良き助言者、指導者、顧問という意味。
20）ウイルスに感染したファイルやネットワーク上で複製をくり返すワームプログラムの特徴を収録したファイル。
21）2001年9月にインターネット上で猛威を振るい、それまでで最悪と言われる大きな被害を出したコンピュータウイルスの一種。
22）コンピュータを使って悪事を働く者、当初使われたハッカーは本来コンピュータ一般について専門的な知識や技術を持つものというのが正確な意味である。

第3章　遠隔教育の理論とID

3-1 相互対話理論

　相互対話距離の理論の第1の前提は、距離そのものが教育学的な現象であるということである。遠隔教育は学習者にとって隔たりのある空間や時間の中での全教育活動そのものであるが、実務者や理論家にとっての関心事や重点は、教える行為、学習者・教員＝双方向の形態、カリキュラム、プログラムの管理などに距離がどのように影響するかということである。遠隔（距離）という言葉は、地理的な距離によって起こる理解や認識の相違も意味する。また効果的、意図的、かつ計画的な学習を可能にする為に教員、学習者や教育組織が克服しなければならない距離のことである。このように距離を克服する方法として教育デザインや双方向の通信手段があるが、この距離が相対的なものではなく教育学的なものであることを強調する為に「相互対話距離」という言葉を使用する。

　相互対話という概念は、Dewey[1]が提唱し、Boyd and Apps（1980）[2]が発展させた。我々が遠隔教育と呼んでいる相互対話は、互いに離れたところにいる特別な環境下の教員と学習者の相互作用であり、その結果として生じる特別な教育と学習行動である。つまり相互対話距離は、教員の行動と学生の行動との間にできる、時には誤解のもとにもなる心理的空間のことを指すものであり、コミュニケーションギャップのもとになる物理的な距離を指すものではない。相互対話距離は不連続というよりもむしろ継続的な変動要因である。つまり相互対話距離は絶対的なものではなく相対的なものである。学習者と教員がいて、そこに何らかの通信手段があれば相互対話距離が存在することになる。

　一般的に遠隔教育と呼ばれるものは、教員と学習者の隔たりが大きな比重を占め、それが彼らの行動に大きく影響する教育活動の集合を指す。実際にこの隔たりによって教える側は、対面環境とは大きく異なる方法で計画し、学習内容を提示し、双方向でやりとりし、別の手

順に従って教えることになる。簡単に言えば相互対話距離があるからこそ特別な組織的行動と教え方が必要になる。その特別さの度合は相互対話距離によって決定される。対話という用語は、教える者と学ぶ者という関係を持つ教員と学習者間の言葉、行動、アイデア、そしてその他のやりとりを含む全ての相互作用に焦点を当てる手助けをする。対話に影響を与える重要な環境的要因の1つは学習グループの存在とその規模である。もし他の条件が全て同じであれば教員とグループよりも、教員と学習者数名、もしくは学習者1名の時の方が活発に対話が、なされる可能性が大きい。次に重要なのは対話の手段である。通信教育では、一般的に対話の手段は郵便を通じて行われる（スクーリング等の短期的通学における対話手段はここでは除外）が、これは非常に構造的でゆっくりとした対話となる。これに比較して電子メールを使う対話では、応答は素早く頻繁に行われる。また掲示板やチャット方式、IP電話[3]を使う方法での対話は、更に速度の速いリアルな対話を促進する。

　相互対話距離が小さいと学生は教員との対話を通じて、各自のニーズ、学習スタイル、ペースにあわせて教材（コンテンツ）を利用することで、アドバイスや指導を受けることができる。相互対話距離が大きいと対話は少なくなる。つまり学生は自分で学習戦略を立て、何を、どのように、いつ、どこで、そしてどこまで学ぶのかを自身で決めなければならない。相互対話距離が大きければ大きいほど、学生はより多くの責任を持たなければならない。

　行動理論派から見ると、学習者が教員から離れたところにいる遠隔教育の中心課題は、彼らをどう最適に管理するかであった。その為、教員は特定の行動学的方法で学習目標を設定し、構成度の高い学習内容を学生に提示して練習させ、奨励し、更に目的に組み込まれた精緻な基準に従って試験を行い、学生の達成度を測定することを求められた。相互にやりとりする目的は、教員の意図する目的を学生がどこまで達成したかを知り、優秀な学生には更に先へ進む為の助言を与える

為であった。

　学習者の自主性という概念では、自らの学習に関して決定する能力は、学習者によって違うことを認めている。そのような能力が存在することは紛れもない事実である。そして自らの学習計画を立てる能力も人によって異なるものであり、自らの仕事や社会環境で学習が役に立つことを見つけ出す能力や進度に差し支えない範囲で自分で物事を決めることに対し、教員が管理する円滑なシステムを妨害する異質なものに捉えるべきではない。むしろこのような学習者の行動がある程度存在することは、全ての教育プログラム、特に遠隔教育プログラムを分類するうえで重要な側面である。遠隔教育の成功は、教育機関や教員個人が適切な構成の教材（コンテンツ）をどこまで提供できるか、また学習者の自主性を考慮に入れたうえで教員と学習者間の適正な質と量の対話をどこまで実現できるかにかかっている。学習者の自主性が高ければ高いほど、快適と感じる対話距離は大きくなる。すなわち、対話が少なく、構成はゆるやかになる。つまり自主性の高くない学習者には、ICT技術を使い対話を増やす工夫がなされなければならない。

　米国での遠隔教育の最近の統計調査でも、遠隔教育の問題として一番多く提示されるのが学習者の自主管理の問題であることから、理論的に構成の組み立てをすることが遠隔教育の成功の鍵を握っているといえよう。遠隔教育の成功は、教育機関や教員個人が適切な構成の教材をどこまで提供できるか、また学習者の自主性を考慮した上で教員と学習者間の適正な質と量の対話をどこまで実現できるかにかかっている。ここでいう自主性の高くない学習者の対話を増やす手段であるが、大規模な集団ではこうしたメンバーが増加してゆく可能性もある。あるいは選択講義では自主性が尊重されるが、必修の講義では自主性の度合いは低いものになることが想定される。したがってグーグルなどがシステムを教育用に無料で提供するクラウド・コンピューティング[4]の利用などではグループ内におけるコミュニケーションの場の共有やデータの共有について自主性の低いグループでは利用度が低いもの

になることが想定される。ケーススタディ4－1－7で取り上げたツイッターは、自主性が高くない人に対して直接意見を求める仕組みやそのテーマに対しどのような意見があるのかなど判断できるように配慮されている。従って意見を促される効果が反映されているので継続的に意見交換が繰り返されるようになっている。

3－2　インストラクショナルデザイン（ID）

　IDは、優れた構成の教材を開発する為に利用されている標準的なデザイン手法である。IDの根本原則は、学習したり教えたりする行為の全てを行動学的に定義することである。図表3－1はIDの土台をなす基本的なモデルを表したものである。教えるという活動は、いくつかの段階に分かれ、それぞれの段階に更に個別の手順があるというのが中心的な考えである。

　IDについては、近年注目が集まり、鈴木（2005）によれば「教育活動の効果・効率・魅力を高める為の手法を集大成したモデルや研究分野、またはそれらを応用して学習支援環境を実現するプロセスを指す」と定義されている。[5]

　　図表3－1　インストラクショナルデザイン（ID）プロセスのモデル

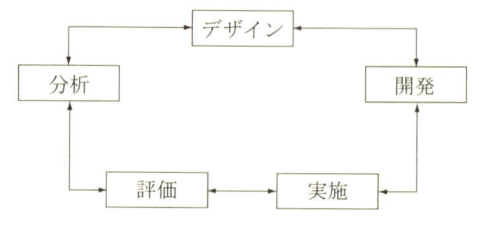

　分析段階では、学生と学習環境の特性を見極め、求める水準で習得する為には、何を学ばなければならないのかを調べる必要がある。デザイン段階では、教育プログラムの目標と目的は、実施するコースの

第3章　遠隔教育の理論とID

構成や形式と同様、具体的にかつ明瞭に記述する。メディアの選択は、コースの目的と分析段階で収集したニーズに関する情報をもとにデザイン段階で行われる。

　開発段階では、映像、音声、書籍、コミュニケーションのツールなどコンテンツを作成し、検査する。実施段階では、学生の受講、教材配布や利用（ダウンロード含む）、コミュニケーションなどが行われる。評価段階においては、受講した学生の成績を評価し、利用度との相関性やアンケート調査などによる問題点などの列挙や改善についての議論を行う。この最終段階でコースやコンテンツなどの見直しなどが行われる。また情報提供の方法や学習者が学ぶべき内容などの教育戦略の計画も、目的や評価計画の準備ができてから始められるようになっている。このように、IDのそれぞれの段階は、相互に連結して1つのシステムを構成しているのが大きな特徴である。

　ビデオやウェブサイトなどを作成することは、一定のコンピュータリテラシーの知識があれば容易に実現できる。しかしながら例えばWBT（Web Based Trainig）[6]教材を作成する場合、仮にコンテンツ作成ができるとしてもそれが受講者に有益であるかどうかは、全くの別問題である。

　対面型の講義であれば受講者の雰囲気などを感じながら内容のレベルの上下などの調整は可能である。しかしWBTの場合、一度作成した内容を即座に変更することは不可能である。つまりメディアを使うことは便利になったが、一方でデザインや準備の重要性が増しているということがいえる。

　遠隔教育はICT技術の進展により進化し、徐々に普及しつつあるが、その成功の鍵を握るのはICTの活用方法である。それはIDの範囲である教育活動の効果・効率・魅力を高める為の手法や、学習環境を支援するプロセスの中で検討され決定されることである。

3-2-1 イリノイオンライン大学

　遠隔教育の歴史は、大変に古く米国以外の国においても研究は進められてきた。しかし米国では早くからこうした教育システムが、注目されて実施されてきた。通信教育による遠隔教育は、コンピュータやTVの発明よりずっと以前に米国では導入されている。1930年代までに米国の39の大学で通信教育が提供されるようになった（Bittner and Mallory 1933)[7]が、その後、更に多くの大学が通信制コースの提供を始めた。1968年に大学の通信教育者は、家庭学習学校と区別する為に大学における通信教育を「独立学習」と呼び、組織としての「全国大学継続通信教育協会」National University Continuing Education Association:NUCEAとなった。

　ウィスコンシン大学マディソン校のCharles Wedemeyer 教授は、地理的隔絶と同様に学習者の自立という観点から遠隔教育を表す言葉を普及させ米国の遠隔教育の理論を発展させた。残念ながら米国においても、遠隔教育は単なる配信メカニズムであるとみなす教育者も多く存在した。

　1997年に創設されたイリノイ大学オンラインは、大学全体のイニシアティブでオンライン教育及び公共サービスの分野で3つのキャンパスに多様なサービスを展開している。米国内外の時間と場所に制約のある学生に利用可能な質の高いオンライン教育を提供している。ここでは、前述した理論の構築とISD（教育システムデザイン）を組み合わせたモデルを実施している。この大学はシカゴから南西に150マイルの所に位置する州立大学である。大学院生を含む学生数は約3万6千、教員2千2百、そして1万7千人以上の生涯学習の履修者がいる。

　ここはILLIACが開発された大学であり、NCSA（National Center for Supercomputing Applications）という米国の基幹ネットワークシステムの研究機関を持ち、またインターネットの爆発的な利用の引き金となったMOSAIC[8]が開発された大学でもある。

イリノイ大学では学生はデジタルキャンパスの様々な情報環境を享受している。イリノイ大学のトップのWebページも年に数回更新されるほど内容は年々充実しつつある。1999年9月現在で600の学部や委員会などが作成した約30万のWebページがあり、それ以外に学生達の160程の組織のページがある。大学内にあるほとんどの紙媒体の情報がWebに載っていると言っても過言でないほどである。これらのWebページの管理運営は情報処理センター的役割を果たすCCSO（Computing and Communication Service Office）と広報課（マーケティング、出版、広報）と学生の代表チームが行っている。これらのWebページの作成は作成者の意思に任せられており、言論の自由を尊重する為にページをそのままにしているという。

これらのWebの情報はどのように教育を支援することができるのであろうか。情報の利用形態として3つ考えられる。1つは大学の様々な情報を誰でもいつでも見ることのできる「情報の参照」として、Web経由で手続きを行う場合や登録を申請する「情報の提出」として、また掲示板システムのようにWebを通して学生と教員がインタラクションをとる「双方向型」情報利用に分けることができる。

Web上の情報の利用者としては、1）学生、2）教職員、3）学生と教職員、4）市民の利用者、5）学外者に分けられる。また情報の種類としては、1）入試・教務・広報・学生課などの事務情報、2）教材やシラバスなどの教育情報、3）コンピュータの利用などの技術情報、4）図書・文献情報、5）その他の情報に分けることができる。大まかな内容を図表3-2に示す。

次節以降はこれら利用者がどのように情報を参照・提出・双方向に利用しているかを具体的に示す。

図表3-2　Web上の情報の種類と利用例

利用形態	情報の種類	利用者（学生／教職員／卒業生／市民／学外者）
情報の参照	事務	大学案内、入学案内、シラバス、時間割、学内ニュース、学事スケジュール、学生・教務課情報、補助金、教員・個人情報、官公庁情報
	教育	授業スケジュール、教材情報、参考文献、宿題、成績評価基準、オフィスアワー、学生の成績、宿題提出状況
	技術	コンピュータ実習室利用法、ネットワーク利用規約、ソフトウェア利用法、フリーソフト集、FAQ集、ソフトのダウンロード
	図書	図書館利用法、図書館図書・ビデオの検索、文献・情報検索、情報へのリンク集、各種統計情報、研究情報、教育関連情報
	その他	天気予報、新聞、交通機関、健康、市民生活、官公庁情報、地域情報、イベントスケジュール
情報の提出	事務	履修登録、成績証明書発行、奨学金申請、オンライン申請、質問・意見箱
	教育	宿題・課題提出、質問・意見箱、個人情報
	技術	講習会申し込み、質問・意見箱
	図書	文献依頼、質問・意見箱
双方向型	事務	行事案内掲示板
	教育	オンラインディスカッション、チャット、議論フォーラム、試験や課題等のフィードバック、遠隔教育、研究者同士の共同作業
	技術	掲示板
	図書	掲示板
	その他	ニュースグループ

出所：穂積和子、「米国と日本におけるキャンパスのデジタル化」、第13回私情協大会資料、私立大学情報教育協会、p.9-14、1999。

　イリノイ大学は州立である為市民へのサービスも様々なものがある。遠くて大学に通えないイリノイ在住の市民や、キャリアアップを図りたい社会人はテレビを通じた市民大学講座を受講していた。テレビでは行えない双方向の教育環境として、また学習者の好きな時間に利用でき、職場からでも受講のできるWebを利用した遠隔教育は必須の

サービスとなっており、現在は多くのコースが利用できる。

　図書館情報、コンピュータサイエンス、教育学、電子工学、機械工学部の大学院プログラムを履修することができるし、単位を取得する為にWeb上に提供されているコース毎の受講もできる。現在は学期毎に大学院レベルで約100クラス、学部レベルで約130クラスがあり、その中から選択できる。

　これらのコースの中には高校生対象の数学の授業もあり、利用者は市民に限らず、世界中のどこからも利用することができる。米国のオンライン教育の受講者数は、2002年160万人、2003年196万人、2004年に230万人、2005年320万人と増加しており、特に2004年から2005年にかけての伸びが著しい。また学生数が1万5千人以上の大規模な機関ではその96%がオンライン教育を実施しているのに対し、1,500名未満の小規模な機関では、40%のみがオンライン教育を実施している。オンライン教育の阻害要因については、「学生の自己管理」や「教授陣の負担」などの問題があげられている。また対面教育と同等の効果があるという学校が、オンライン教育を実施している学校の79%にのぼっていることも興味深い。[9]

3-2-2　名古屋学院大学

　名古屋学院大学は1887年創立の愛知英語学校を礎に、1964年に経済学部の単科大学として開学した。経済学部では、学生の学習力（基礎学力、基礎的な知識水準、学習意欲）の多様化に対処し、学部教育の質を保証する為に、2002年度から学内ネットワーク上にeラーニング手法を用いた「自学自習システム」を構築し、試行的に利用してきた。その成果を踏まえ、設問群（コンテンツ）の拡充、コンテンツとカリキュラムとの連動、利用の動機づけなどを行いながら、これを本格的に学部教育へ織り込んだ（2004年度）。

　この取り組みを「経済学基礎知識1000題」プロジェクトと名づけている。コンテンツは学部の全教員によって作成され、授業科目と対応

させて活用している。この取り組みの動機は、経済学部に入学してくる学生の基礎学力および学習意欲の低下である。この取り組みはeラーニング型の自学自習であり、対面型授業を補完教育するブレンデットラーニング[10]の一端を担う。このシステムでは、利用した全体および学生データ（学習頻度・正誤率・ランキング等）は学習履歴としてデータベースに蓄積される。それを用いて教員は講義の内容や水準をリアルタイムに調整することができる。

　同時にこの学習履歴データは、個々の学生に対して行う個別指導をする為の基礎データにもなる。その為、この自学自習システムは、学生の学力向上を目指した学習支援システムであるばかりか、教員の授業改善を促し学生指導を補強するFD（授業評価）[11]活動支援システムということもできる。このシステムは、9割の学生が肯定的にとらえまた試験の得点分布によればシステム導入後にあきらかに大きな変化が現れた。このシステム構築は、教育ISDを根底に据えられており、以下の図で示してあるサイクルをまわして運用している（2006年8月、文部科学省特色GP採択）。このサイクルを通じて、教育の標準化が行われ、教育の質保証も担保されたといえる。

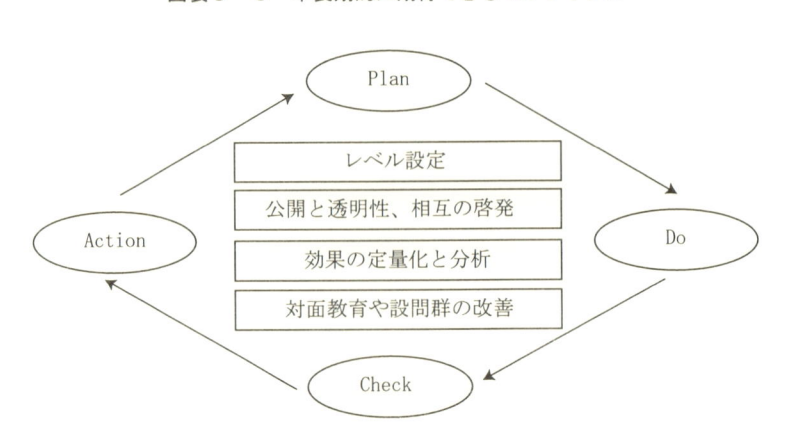

図表3－3　中長期的に期待できる IDC サイクル

出所：名古屋学院大学事業報告書より筆者加工

3−3　通信・放送の融合からWeb遠隔教育の時代へ

　通信教育の歴史は古く、19世紀後半には英国で郵便による通信教育が開始され、その後、欧米を中心にラジオ、テレビなどのマスメディアによって教育番組が放送されるようになって普及してきた。また英国では1971年にOpen Universityが開設され、学位を授与している。

　日本では戦後に通信制大学が整備され始め、1983年には放送大学が設立された。このような郵便やテレビ、ラジオなどによる通信教育も遠隔教育と考えられるが、本論文ではICTを使わないこうした教育活動を「通信教育」と定義する。郵便による文書のコミュニケーションでは、双方に情報が伝達されるまでに長い時間が浪費される。その為に自主性が高い学生でも意欲を維持することは、かなり難しく卒業率はかなり低い。一方、放送大学は最近になってようやくICTを活用する試験的な運用を開始しており、具体的にはネットラジオや複数の講義をストリーミング配信で提供している。しかしながら受講者から教授側への質問などが行えず、対話性が全く確保されていない。また90分の講義を収録して配信するだけでは、テレビで放映している映像をPCで見ているだけにすぎない。

　メディア教育開発センターが実施している「高等教育機関におけるIT利用実態調査」によれば1999年から2003年までの変化をみたときに「電子メールや電子掲示板による事務連絡」「パーソナル・コンピュータによるプレゼンテーション」「授業内容のWeb上への掲載」は利用頻度が極めて高くなっている。ついで、「電子メールによる課題の提出」「電子掲示板や電子メールによる授業への質問受付け」も利用頻度が上昇している。

　利用が急激に減少した項目はないが、「録画ビデオの授業への利用」「OHPの利用」「オーディオ・カセット教材の利用」などのオールド・メディアは、利用頻度は高いが減少傾向にある。また「通信衛星など

による授業」「録画授業のWeb上への掲載」など授業配信にITを利用するeラーニングは、利用頻度は高くない上に、やや減少傾向を示している。

3-3-1　コスト低減化を図る遠隔教育モデル

　受講する学生は、iTunes等のPodcastアグリゲータを使用しアクセスすることが可能だが、仮に学内においてiTunesにアクセス制限する規制をかけているような場合どうなるであろうか。

　インターネットで音声データを扱う仕組みとしては、ストリーミングといわれる独自プロトコルを用い配信し、帯域の負担をなるべく抑える運用方法がある。リアルタイムに行える配信方法は臨場感があり、同時多数のアクセスに向く特徴がある。一方、その準備に時間がかかりコストも同様に増大する。それに対してポッドキャスティングと呼ばれる仕組みは、フィードの仕組みと音声配信を兼ねた技術でダウンロードして利用するのが基本型となるので好きな時に聞くことができる「iPod」は、大きな役割を果たし教育でも利用される機会が増えた。非リアルタイム配信は発信者側のコストを抑え、利用者側は時間の制約を受けない。更に何度も聞くことが可能になる。Podcastは、iTunes等のPodcastアグリゲータを使い新しいコンテンツを自動的に取り込める。遠隔教育を行う場合、現在複数高等教育機関がいわゆるただ乗りを行っている。

　事例をあげれば最大の動画閲覧サイトであるYouTube[12]やiTunesの利用もその1つにあげることができる。こういった利用方法についての議論はあろうが、筆者はYouTubeをそのまま利用するようなモデルについては、少々批判的な見解をとる。YouTubeには、様々な動画が存在しその一部は教育上明らかに問題のあるコンテンツである。

　個人投稿がベースとなっているビジネスモデルであるから当然であろうが、そこへ教育での利用コンテンツをUPして利用してもらうという発想は、2ちゃんねる[13]をそのまま講義で利用しているのと等しい。

第3章　遠隔教育の理論とID

更に教材が提供される同じ場に音楽や教育に関係のないコンテンツが多数を占めていることを考えれば教育の効果が半減することが考えられる。

　また、大学によっては学内でこうしたサービスの利用も閲覧もできない規制をかけているケースも多い。遠隔教育で利用できるモデルは、受講している学生のみが遠隔教育で利用できること、またグループ内での情報は外部に漏れることのないような配慮がなされていることが前提となる。コミュニケーションでは外部からの参加者を入れることは、非効率的であることはいうまでもない。

　フリーで利用価値が高いサービスを提供しているGoogleのGoogle Apps[14]はGoogleがホスティング[15]するのでドメイン管理者がハードウェアやソフトウェアをダウンロードし保守点検するなどの必要がない。導入運営の実績も既にありIT技術に長けたスタッフのサポートも必要がない。このサービスは教育機関への提供を念頭に考えられて作られたモデルであり、自分で構築したデザインとのカスタマイズも可能である。ほとんどのサービスが無料で提供されていることや、そもそも学生の多くが検索でGoogleを利用し、メールでもGmailを使っていることを考えるとその利用価値は高い。

　教材のダウンロードや資料の閲覧、音声による講義要約やレポートの書き方、試験の解説等々を講義の特性に準じて提供者が作成、提供する。しかしICTの組み合わせでは必ず課題になるのがCすなわちコミュケーションの項目である。メーラーでの電子メール利用では、そもそもメールアドレスの取得から容量の問題、フリーメールによるアドレスの取得からくる問題、転送のトラブル、多数の受講者では返信が不可能になるなど問題が山積する。成績上位者は質問も高度になる傾向があるので、メールでの質問をあまり行わないという分析がある。

　ブログによるコミュニケーションや掲示板の利用、SNSやモバゲータウン[16]などを利用するアイデアもあるが、どれもセキュリティや参加者の非制限、料金負担などクリアできない課題が発生する。教育に

87

おけるインターネット利用での課題に、著作権侵害や掲示板を利用したコミュニケーションでのモラルやマナーの問題があげられる。

こうした負の部分があることは否定できないが、高等教育のシステムとして遠隔教育を行う場合、利用者の匿名性を担保しないシステムで行うことでこれらの課題については、かなりの部分で対応が可能である。インターネット上では、一定段階までのユーザーの行動を追跡することが可能であり、条件が整備されれば個人特定も可能である。したがって匿名といっても日常的な意味での匿名とは異なる。

3-3-2　遠隔教育の評価

遠隔教育の評価に関しては、制度的に日本では整備されているとは言えない。教育やトレーニングには市場原理が働きにくく、製造業やサービス業では当たり前であるコンスタントなフィードバックと改善が、教育や訓練に関する業界では残念ながらおざなりであり、受講する側もそのことを平然と受けとめていることが多い。

なぜ授業の評価や改善が進まないか、その理由は第1に授業同士が比較される機会が少ない。また対面で実施される授業は記録されたり、再生されない。高等教育機関の教員は、自ら望まなければ自分と同じ分野の同僚の授業を参照する機会を持たない。例えば初等・中等教育では定期的な研修や保護者の授業参観などがあり、ある程度授業改善の意識が働くし、予備校では教員の評判や成果が厳しく比較される。第2の理由として日本の教育機関では、学習者が一般の消費者とは大幅に異なる心理的な態度をとり、授業を評価するという習慣が定着していないことが指摘できる。つまり、授業は教員が与えてくれるものであって、知識や技術の一方的な伝達であるという考え方を学習者が持っている為たとえ授業に不満があっても学習内容を決める教員の責任としたりする傾向がある。

まず高等教育では、授業をサービス製品としてとらえる「学習者＝消費者」モデルには、教育提供者からばかりでなく学習者からも違和

感が示される。そもそも喜多村（2002）[17]が紹介したように、大学のような高等教育では「教育・研究という機能の評価は、企業の売上高とは違い定量的に測定できず、したがって価値の序列化も無意味である」という議論も成り立つし、そのような考え方から授業に相対評価はあり得ないのである。

　最近、教育の質向上とその為のFDが導入されることがあるが、教育の質に関する定義自体1つの決定版があるわけではない。したがって、教育の質に応じた評価指標を定めることは困難である。実際に現在の高等教育機関で行われている授業評価は、ほとんどの場合「教育の質向上の為のシステムが整備されているか」というような学習者の一般的な満足度などの限られた項目にとどまっている。しかし、このような状況は遠隔教育の登場で変化する可能性がある。遠隔教育は、従来の対面型授業と違い、多くの数の学習者が同時にあるいは異なる時期に学ぶことができる。授業内容の記録がデジタルデータで保存されることや、双方向コミュニケーションも容易である。したがって対面型授業より、学習者が質問や苦情を述べるのが簡単になるだけでなく、授業の比較も簡単にできるようになることで、より消費者的な態度を持った学習者が増加する。

　遠隔教育の授業目標を考えるときに、対面型授業との関係の意味を考える必要がある。吉田（2001）[18]は、「遠隔授業を教室の授業に近づけるだけでは、遠隔授業はいつまでも代替えとしての意味しか持たない。そうだとすると、教室の授業のオンライン化というのは、わざわざ質の劣るものを生み出す作業にしかならないことになる」と述べている。遠隔地でも対面で授業を受けているかのように感じられるように、技術の発展によって対面授業に近づいていくことそのものには価値があるが、遠隔であることの特性を見出さなければ遠隔教育の価値は対面型授業より劣ってしまう可能性がある。

3-3-3　Web遠隔教育の実践と分類

　システムの問題から遠隔教育を考えた場合、ICTの活用形式形態として同期か非同期かによる分類がなされる。また双方向に対応しているか、一方通行であるか、による分類がなされる。遠隔講義は、同期型の講義で2つ以上の教室を同時に結んで行う。慶応義塾大学とウイスコンシン大学を結んだ遠隔講義（大川2001）のように海外の大学と連携して行った実例もある。

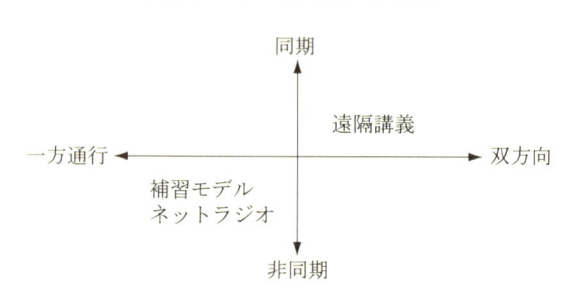

図表3－4　Web遠隔教育の分類

```
              同期
               ↑
           遠隔講義
一方通行 ←――――――――→ 双方向
       補習モデル
       ネットラジオ
               ↓
              非同期
```

　遠隔教育を新しい教育のスタイルとして教育機関が導入を考えた場合、どの学生がどういう利用をしているかを把握できないシステムでは、単位認定の場として遠隔教育を行うことはできない。また生涯教育や地方の過疎問題に対応させる為の授業デザインは、一定の双方向の仕組みがなければばらないと考えられる。こうした枠組みで上記事例を参考に、授業のデザインを考えた場合、図表3－5にあるように右側のエリアでの展開するモデルの考案が必要になることはが考えられる。その為にはコストがかかることも含めて、個人や学科、学部などでの運営ではなく、高等教育機関が全学で取り組む姿勢が必要であろう。

第3章 遠隔教育の理論とID

図表3-5　遠隔教育の分類

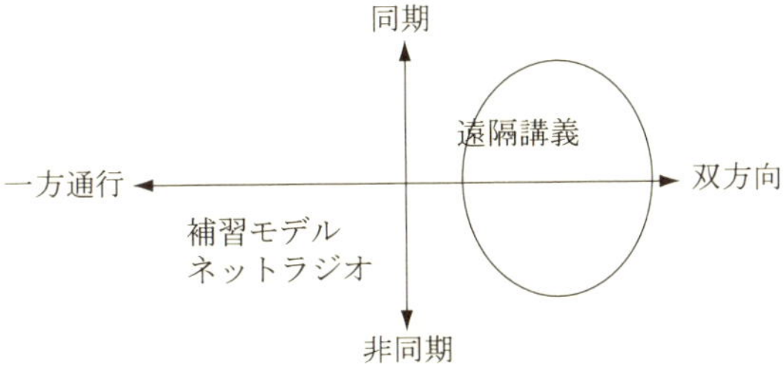

```
              同期
               ↑
           ┌───────┐
           │遠隔講義│
一方通行 ←──┼───────┼──→ 双方向
           │       │
   補習モデル└───────┘
   ネットラジオ
               ↓
              非同期
```

　教員、研究者にとって遠隔教育が何世紀も続いてきた伝統的な教室集合型アプローチと少なくても同じくらい重要になることで、教育は抜本的な変貌を遂げる。主要な障害として指摘されてきたインフラや情報格差は既に解決の方向にある。むしろ課題としてあげなければならないことは、資金調達や人材不足、特にコンテンツを開発するメリットが理解されにくく、担当する教員が追加的業務をこなす時間とモチベーションが保持できないことが全般的進展がない要因である。

　講義形式で分類すればゼミなどの少人数教育は、討論や個人発表の場が多くなる為に一般的に非同期の遠隔モデルと適合性が低くなることが想定できる。また本論文で提示したように双方向性を高める為には一定のコストや社会的責任の度合いが増す。無料で提供しているシステムの利用について全て否定的な見解を持つべきではないが、その課題や問題点については議論が必要である。ゼミなどの講義形式は、同期モデルにおける双方向性の高い方式でなければならない。実際には個人の住宅と教員が双方向でゼミを行えるようにシステム化するには、コストなどの点でハードルが高い。しかし映像を流す必要性はあまりないので、文字と音声のみでの同期モデルを構築することを考えてデザインを作ることでかなりの部分をカバーできる。体育は地域のコミュニティ会館などで行われている実技に参加し、理論的な学習は遠隔で行うことができる（実際に放送大学での体育実技の扱いはこのように行われている）。教材利用や小試験、質疑応答などは遠隔で行える。

すなわち遠隔教育との融合である。専門講義のほとんどが、遠隔教育で配信することが可能であり、匿名性を否定した掲示板での意見交換や電子メールなどで双方向性を確立する。人口減少の時代においては、数年でほとんどの大学が教室のキャパシティの問題は自然と解決される。

　教員主導型モデルを継続的に提供する為には政府が積極的に資金調達の役割を担うべきである。内部資金で単年度でのコンテンツ制作を行うようなモデルではサステナビリティ[19]な遠隔教育の提供は困難であろう。例えば、高等教育機関で行う教科書などの教材は、全て電子的にオンラインで提供できるようにすべきである。受講者の費用の負担度は低くなり、電子書籍を読める機器類を購入するだけで紙媒体の教材は不要になる。こうした仕組みを確立させることが、遠隔教育の基盤になることはいうまでもない。

　情報社会においては次々と開発される新技術の効果を理解し、利用することやグローバルに展開される遠隔教育のモデルを知り順応できるようにすることが極めて重要である。その結果として教育の場で抱えている多くの課題に全てではないにしても、いくつかの解決方法を提示すると信じて更なる研究の進捗に臨みたい。

3-3-4　遠隔教育モデルの技術と規格

　遠隔教育と標準化の問題について考察すると、コンテンツの標準規格がないとプラットフォームへの設備投資額が増大することが考えられる。更に学習者の標準規格がないと進捗経過のフォーマットが統一されずコストがかかる。こうした問題は企業で多く取り入れてきた社員教育の為の遠隔教育について議論が繰り返されてきた。コストを下げて社員の質向上とモチベーションを維持させる為の遠隔教育は、企業にとって非常に重要な課題でもあった。代表的な規格を挙げるとSCORM、LOM、LMCなどで、SCORMはeラーニング教材の標準規格であり、米国では多数のベンダーが採用している。SCORM作成の

背景には本書でも取り上げているIDが意識されている。LOMは教育研修リソース体系記述の規格であり、集合研修で使用される教科書やCDなどの規格として使われている。

　LMCは学習者プロファイル[20]の規格であり、資格、スキルレベルに関連する。国内の標準化団体としてeラーニングの啓蒙と普及をおもにベンダー[21]や企業の立場を中心に活動するeラーニングコンソーシアム、学習基盤技術の開発・普及に関わる官公庁や教育関連団体向けに活動を行う先進学習基盤協議会、国際的な標準化活動を行う企業や大学などからの委員を中心に構成されるSC36などがあげられる。

　こうした標準化は先に述べたように企業側の利益を中心として考えられてきた経緯があり、本書で扱っている遠隔教育とは立場を異にする。企業での遠隔教育はおもに社内教育や社員の昇格、資格取得におけるインセンティブとして使われており、高等教育での利用目的とは違っている。しかしながら学習者の環境に一定の配慮が必要になるのは、当然でありその為に規格についてはシステムの構築時に考慮する必要がある。遠隔教育については、個々の学習管理システムが必要であるが、こうした学習管理システムはフリーのものも含めて多数存在している。

　規格の乱立を防ぐ為に異なる学習管理システム間でも学習コンテンツが共通に使えるようにSCORM[22]が統一規格として定められているが仕様が複雑であり、使う教員がこの規格にあわせたコンテンツを作るのはかなり面倒なことであると考えられる。学習管理システムは教員による教材の保管や蓄積、学習者への授業用コンテンツ配信、学習履歴や試験の成績などを統合的に管理するもので一般的にLMS（Learning Management System）と呼ばれている。高等教育機関は一般的に中高と比較して大講義が多くなりこのような大人数の講義では成果を把握することを学習管理システムで行うことが、遠隔教育では効果的と考えられている。こうした学習管理システムではフリーでオープンソースも公開して使われているソフトがあり、企業などでお

もに用途が増えている。しかしながら実際にはこのようなソフトも著作権は特定企業が保持しており、教育で使う為としての前提の機能が備わっていないことがある。企業での社員教育用としては仕様が効率的なものとなっていても教育用としての仕様は全く違っていることを理解していないと導入コストが高くなり結果的に利用率が下がることになるだろう。特に問題になるのが、このようなソフトを単体でダウンロードして学内サーバーを利用して運営を継続的に行うことは担当教員の負担度を極端に増やすことになることである。結果的に企業へ委託をして年間数百万円にも及ぶ維持費等の運営のコストがかかることになる。まず企業での遠隔教育と教育機関が行う遠隔教育の理念が全く違っていることを認識する必要がある。

　モデルを実現するに当たっての技術的な取り組みについてみると、現在インターネットにおける映像配信では、どのような形態であれ、専用のエンコーダーとデコーダーを通す形で行われる。形式は、「マイクロソフト社」の「Windows media Series」[23]と「Apple Computer社」の「QuickTime」[24]、そして「Real Networks社」の「Real player」[25]が標準的な映像再生ツールの座を争う形で展開している。

　しかしながら、どのプレイヤーも、独立したプレイヤーもしくは内部に埋め込まれたプレイヤーにおいて映像を再生する為には、配信する映像形式に合ったプレイヤーとコーデックをインストールしておく。これは、円滑な再生環境の実現において、1つの障壁となる。配信形式として「Macromedia社」の「Flash技術」は以下の理由より適当と評価できる。「Flash」[26]は「Windows」の標準的なブラウザ、インターネットエクスプローラにおいてプラグイン[27]として機能し、音や映像といったリッチコンテンツを提供する複合的な規格といえる。特徴としては、自動的にプラグインを更新する機能を有している為、インストールにおいて特別な操作を必要としない。

　また、プレイヤーのバージョンがあがった場合でも、自動で更新する機能を有している。ほかの映像形式では、プレイヤーのバージョン

があがるたびにプレイヤーのバージョンアップ作業を手動で行う必要があり、それらの更新作業においてはパソコン操作能力に依存するだけでなく、大学内のインフラにおいては、一斉にプレイヤーの更新作業を行う必要が出てくる為、大掛かりな対応となる。経済学部では学内の環境調査を行った結果、講義で用いられているPC、開放されているPC共に専用の映像再生プレイヤーのインストール状況にばらつきがあることが確認された。その為、一度再生しようとすれば自動的にインストール・更新作業が行われる「Flash」の採用は妥当と判断した。多くの映像再生プレイヤーが、映像を一方的に再生することに特化されていることに対し、「Flash」は専用の言語でスクリプトを組むことで、映像に対してこちら側が専用のインターフェースを構築することができる。

　利用するユーザーは、再生や停止、早送りや巻き戻しといった映像に対する細かな操作が行える一方で、ウィンドウには、映像と音声によるナビゲーションと操作するPC画面上の内容、解答方法のテキスト（映像のナレーション原稿）、任意に解答に必要な情報を入手できる。仮にこれを全て映像で配信した場合、一問あたりの必要容量が4倍[28]となる為、これは結果的に使用容量のスリム化にも貢献している。制作側のメリットとしては、一度映像として書き出してしまった場合に困難な修正作業が、パーツ毎に行える為、後々のワークフローの効率化に大きく寄与しているとも言える。制作の容易さと配信の観点から見て、「Macromedia社」の「Flash」テクノロジーは遠隔教育モデルに対し深い親和性をもっていると考えられる。

　確立された教育構造に新しい技術を加えた先例はプログラムのレベルでは存在する。また伝統型機関に遠隔教育の導入を試みたケースも増加している。しかしながら通常の教育機関やシステムを遠隔教育システムに転換する方法を示した先例はない。実用に充たない試験的なモデルは別にして、マルチメディアを駆使して統合された遠隔教育システムを確立した事実はない。したがってこの分野における重要な研

究課題は転換のプロセス、手続き、思考方法、方針を導入する際のプロセスに関するものである。

　遠隔教育の費用対効果については、本書でもあげたように豊富な証拠があるのに、多くの教育機関においては遠隔教育が取り上げられていないのはどのような理由によるものであろうか。マクロ的に分析をするならば政策としてこういった問題の意思決定を握るのは誰なのか。文献の多くは教育政策立案者や管理者の慎重すぎる行動が遠隔教育の効果的な導入を妨げていることが考察できる。情報基盤や技術はすさまじい速度で進行しており、以前指摘されていたようなデジタルデバイドなどの問題はその多くが克服されつつある。実際にクラウド・コンピューティングやYouTubeなどの動画投稿サイトを遠隔教育に利用する教育機関も現れている。クラウドの利用についていえば専門的な技術知識の必要性はなくなり、利用における知識レベル基準は下降する。

　具体的な事例で述べれば例えば日本大学は、既に全学生へのメールアドレスは、グーグルのGmailを使っている。Gmailを使用するということでグーグルが提供する多くのサービスを講義やゼミで使いやすくなっており、実際に教育利用に積極的に導入している。インターネット自体がTCP/IP[29]という規格に統一されていったことで、世界で普及が促進されたことを考えれば担当教員がそれぞれにコンテンツを教科の特性やインストラクショナルデザインにあわせて作成し、学習管理システムは必要であればフリーのものを使用することがむしろコストをかけないで効率的な運営を行えることになる。本書においてはこのことを複数のモデルケースにおいて仮説をたてて検証することを試みている。

　先行研究においては個々の事例研究での実証分析は多数あり、遠隔教育の効果については現在、検証が進んでおりその効果については疑問の余地がない。社員教育で使用される遠隔教育は、業務に当たる社員のモチベーションと大学生を同じ受講者としてくくることができな

第3章 遠隔教育の理論とID

いことを考えれば共通の土台としての議論はあまり意味がない。著者は、もともと対面型講義をより面白くする為の遠隔教育を意図する為のモデルケースを考察していない。教室には意欲がある学生ばかりではなく、むしろその逆である現状はほとんどの高等教育機関の教員が認識しているところであると思う。

米国では通信事業者側が上位レイヤー[30]（グーグルなど）に対してネットワークにただ乗りしてるとの批判を強めており、議論が繰り返されている。一定の設備を持たないレイヤーのプレイヤーにとってみればブロードバンド基盤環境が進む中、帯域を恣意的に絞り込む権利や追加料金を請求する権利を通信事業者に認めればフェアではない状況で競争にならざるをえない。上位レイヤーが提供する教育機関向けのネットワークサービスを遠隔教育に組み込んだケースで論点となるのが、例えば提供する企業が倒産したような場合に継続的なサービスが行えなくなることや学生の個人情報が流出する危険性があることである。しかしながらこれは特定企業へ遠隔教育サービスを委託しても同様のリスクを負う。更に学内で高コストで制作や保守、分析などの全ての工程を実施しても個人情報が流出するケースがゼロであるとはいえない。

注――

1) Deway,J.1916. *DEMOCRACY AND EDUCATION:*, 松野安男訳1975『民主主義と教育（上・下）』岩波文庫。
2) Boyed R.,& Apps、J.(1980).*Redefining the Discipline of Adult Education.* San Francisco : Jossy-Bass.
3) 電話網の一部もしくは全部にVoIP技術を利用する電話サービス。
4) インターネットをベースとしたコンピュータの利用形態。
5) 『eラーニング専門家のためのインストラクショナルデザイン』P.5-6より引用、玉木欽也監修、東京電機大学出版会。
6) インターネットやWWWの技術を使って教育を行うこと。
7) Bittner,W.S.& Mallory,H F.(1933). *University Teaching by Mail.*

New York:Macmillan.
8) マーク・アンドリーセンらによって開発されたウェブブラウザ。
9) この頁、以下論文より引用。穂積和子、米国と日本におけるキャンパスのデジタル化、第13回私情協大会資料,私立大学情報教育協会、p.9-14、1999。
10) 集合教育とeラーニングを組み合わせ双方のメリットをいかす学習方法。
11) 近年高等教育機関が積極的に導入している学生による授業評価。
12) 米国カリフォルニアにある動画共有サービスを行う企業。
13) アクセス数が日本では最高の電子掲示板であるが、誹謗中傷記事が多数含まれる。
14) 独自ドメインで複数のグーグル製品を使えるようにするグーグルによって提供されているサービス。
15) サーバーの運営管理。
16) 株式会社DeNAが運営する携帯電話向けのSNS。
17) 『大学は生まれ変われるか：国際化する大学評価のなかで』喜多村和之、(中公新書、2002) より引用。
18) 「遠隔教育が効果を上げるために-支援システムの重要性」吉田 文、『バーチャル・ユニバーシティ研究フォーラム講演録』より引用。
19) 人間の活動が将来にわたって持続できるかを表す概念。
20) 何らかの対象に関する属性や設定などの情報を設定するなどの情報を列挙したひとかたまりのデータの集合のこと。
21) 製品を販売する企業。
22) eラーニングシステムの学習システムやコンテンツの相互運用性を保証する為の標準規格。
23) インターネットまたはイントラネットで映像や音声をパソコンに配信する為の仕組み。
24) アップル社が開発したマルチメディア技術。
25) RealNetworksが開発したメディアプレイヤー。
26) アドビシステムズが開発した動画やゲームなどを扱う規格。
27) アプリケーションに追加機能を提供する為のプログラム。
28) 映像部分の面積に対し、全てのコンテンツを同様に扱った場合の換算。領域は現状で320×240だが、全体では800×600相当の領域を占める為、これを映像にした場合の容量は単純計算でおよそ4倍となる。

29）インターネットで標準的に使われるプロトコル。
30）OSI参照モデルで示された階層構造の上位にあたるデータ形式や表示方法などソフトウェアや人間に近い仕様の規定を行う。

第4章 ケーススタディ

4－1　講義形式の分類と規模の経済

　遠隔教育について例えば金子は「インターネットによる授業配信などが、一般に考えられているように従来の授業形態を変える為には、実はまだきわめて技術的な制約が大きい。むしろ重要なのは授業に対応したウェブや電子メールが、学習の進捗度を把握し、教員と学生、あるいは学生同士のコミュニケーションの密接化を図る有効な道具となることである。しかもそうした道具をパッケージ化したものが普及することによって、多くの教員の授業方法自体に影響が広がる可能性が生じる点が重要である。」[1]と述べている。例えば試験などについて考慮してみると遠隔では本人認証が難しい、また授業の配信を行っているだけではその講義を必ずしも聞いていることの確認ができない、質疑応答などにも遠隔では制約が発生する、講義形式や受講生数による課題等々を指すものと考えられる。

　本研究では講義形式を以下のように分類し、第1章から第3章までを前提に遠隔教育のモデルを導入しその効果を検証することで講義形式による効果の差異があるかについて考察を試みる。一般的にこのような講義形式が文系の高等教育機関では代表的に見られることを念頭に入れて分類を行った。更に非同期と同期形式についてのケーススタディも取り上げて検証したい。結果として上述したような技術的な制約が急速に改善しつつあることが検証できれば今後の高等教育の方向性への示唆が示される。

Ⅰ　講義形式
　①PC実習などの実習講義
　②経済数学などの「補償教育」が必要とされる講義
　③大講義（受講者が50名以上を想定）
　④小講義（ゼミナールなどの少人数を想定）

⑤専門性の高い講義
Ⅱ　同期型と非同期

規模の経済
　遠隔教育は大規模に行わないと質と費用対効果の両方を確保することは難しいとされる。何人の受講生が利用するか判明する前に、コンテンツ準備や情報基盤整備に莫大な費用がかかるからである。遠隔教育では固定費は通常の大学よりも高いが、学生1人当たりの変動費や直接費ははるかに低いことが多い。遠隔教育ではより多くの学生が受講すればコースの平均単価は下がる。これが規模の経済である。録音・録画メディアはリアルタイムの双方向性メディアよりも規模の経済が大きく働く。
　学級の最適規模はどうだろうか。経営をする立場で考えれば大講義であればあるほど効率的である。小講義を増やせば増やすほど教員数は増加し、支出の大半を占める人件費は増加する。最近の高等教育機関では少人数での講義やゼミ、担任制度などが特徴になっているところも多い。
　学級の最適な規模を図表4－1で考えてみると学級規模が増加すれば通常の講義では教育の成果は減少する。教室の騒音は増大し、質疑の時間は減少する。研究室などの対応はかなり限定されたものになる。一方、遠隔教育では学級規模に環境は影響を受けない。しかし質問の機会が与えられないと教育の成果は減少することが考えられる。
　対面型教室では質問がしにくいからしないという学生が多いが、遠隔教育では質問を行いやすい環境にある為に、同じ学生が遠隔では質問をすることが容易に考察できる。実際にケーススタディで行った結果はこうした傾向をはっきりと示されている。したがってメンターなどのサポート要員をどれだけ配置して、受講生の質問や相談に的確なアドバイスを行えるか、あるいは教員とのコミュニケーションをどれだけ付随させることができるか、によってその教育の成果は大いに変

わることが予想できる。

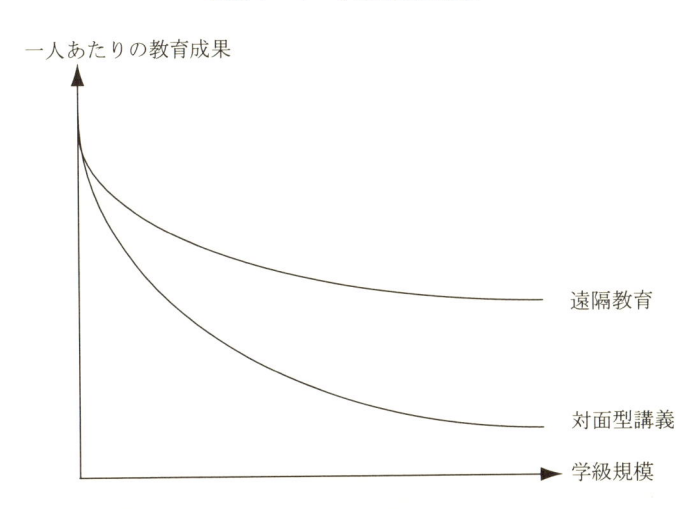

図表4－1　学級の最適規模

(グラフ：縦軸「一人あたりの教育成果」、横軸「学級規模」、曲線「遠隔教育」「対面型講義」)

4-1-1 情報基盤の事例

　高等教育機関が遠隔教育を行う為には、情報基盤を整備しなければならない。東洋大学では1996年までに各キャンパス内、およびキャンパス間にネットワークが敷かれ、インターネットにも接続された。しかし、学生が自由に利用できる環境ではなく、自宅からも大学のネットワークに接続することもかなわず、どうしても接続する為には民間のプロバイダに個人が加入するしかなかった。そこでこういった問題を改善する為に情報システムの導入が企画され検討した結果、学内の機材や資金、人材で全てまかなうのは非常にコストがかかると判断し、学外資源を利用することにした。

　具体的には特定の企業と法人契約を締結し、学生や教員のネットワーク利用に関する管理や運営を委託することにしたのである。このアウトソーシングは当時としては、国内大学最初の試みとして脚光を浴びることになった。最大の利点は企業との契約で多くのアクセスポイントがそのまま利用できるようになり、これで自宅からも学内のネッ

トワークに接続ができるようになったことである（以下この仕組みをToyoNetと称す）。インターネットは教育に対して大きな可能性を秘めている。

しかし一方で利用を進めるうえで大きな障壁となるものも少なくない。誰でもが利用できるということになれば、悪意を持つ参入者も利用できることにほかならないからである。そこで考案されたシステムがToyoNet-ACEで、これは利用者の制限を行うことで上記の問題の解消を試みた。つまりToyoNetに加入した学生はユーザーIDとパスワードを配布されているので、これで認証をかけるようにしたのである（図表4－2）。

図表4－2　ToyoNet－ACE：認証画面

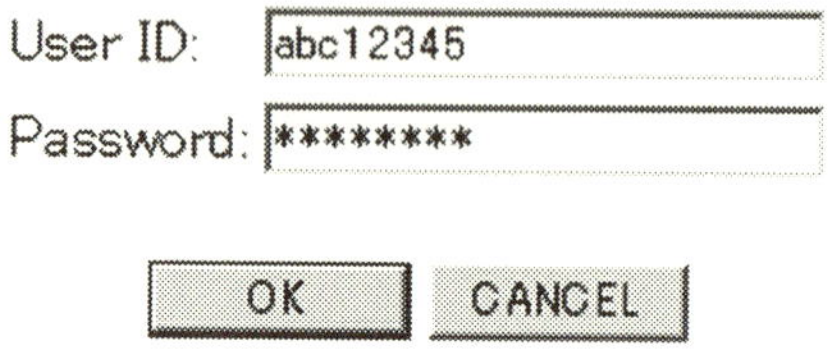

User ID: abc12345
Password: ********

OK　CANCEL

公式の大学HPは世界中の誰からでもアクセスすることができなければならない。しかし学内電子掲示板やゼミ内での情報交換、教員とのコミュニケーション、個人の時間割確認（図表4－3）、休講情報などは学外からのアクセスは必要なく、特に個人のデータが流出することは最も危惧される問題であった。だが認証を必要とすることでこの問題を解決することができる。

図表4-3 個人の時間割

私の時間割　東洋太郎

	月	火	水	木	金	土
①			ゼミナール①			英語①
②	情報科指導法		ゼミナール②		現代経済論	英文法②
③	経済数学	生物学				
④					経済学入門	

　一方で、教員へレポートを電子的に送るのであれば、何もこうしたシステムを使わずに自宅などのパソコンから電子メールで送ればいいのではないかと考察できるが、仮に200名の履修者がいたと仮定してみると個人の確認をチェックするだけでかなりの労務になる。しかしこのシステムでは全員が強制的に加入する為に、既に履修者の名簿が事務局などで打ち込まれており、レポート送付者は自動的に教員が把握できるようになっている。このクローズされたシステムをオープンなシステムに埋め込むのは、大学のHPからToyo-Netと書かれているロゴをクリックし現れた認証画面にIDとパスワードを入れればよい。一般的な利用者とこのToyo-Net会員との区別を行ったわけである。しかしながら、実際にこのシステムを稼動するとテスト段階でも多くの問題の発生を見ることになる。

　大手企業にアウトソーシングすると、技術的障害やサポートなどの問題も担当者が存在し、メールなどの手段で改善を試みることが可能である。しかし、学部のHP内容やもしくは教育システム全般における質問は、システムを提供する企業では応答ができない。従って当事者である大学側から担当者を決めて、対応を図る必要がある。HPのコーナーの下部スペースなどに見られる「質問などはここへどうぞ」などの手法である。ところが質問の内容によっては上層部などへ判断

を仰がなければならないケースや、2ヵ月にも及ぶ夏期休暇などに質問が来た場合、回答までにかかる時間が要すれば質問者は不満や不安を募らせる。

　またこうした教育システムを完備しても、使い方を教員が熟知していなければ意味のないシステムになってしまう。従って稼動前に学生全般に対する情報教育とシステム利用における講義が、義務として行わなければならないのである。当然、同様のサポートを教員に対して行う必要がある。こうした初期段階を終了して学生に科目の履修登録を行うと次はデータとして入力する必要が生じる。個別データは大学内で行う必要があるとの判断で、入力作業は学内で行われるケースとなったが、大変な負担になり、しかも早い処理が望まれる。6ヵ月後に入力を終えるわけにはいかないのである。こういった問題を処理する為にはどうしたらいいのであろうか。例えば新入生の履修そのものをWebで行えばかなりの部分が解決に向かう（2003年度から東洋大学はWeb履修システムへ移行）。システムが稼動してからはレポートを教員に送る学生が急増し、レポートが大量に送られた結果（その多くがインターネットから持ってきた画像ファイルなどを含む）、用意された容量のぎりぎりのラインまで膨れ上がってしまった。

　この問題は担当者ごとにファイルの容量を決めたシステムではなく学部という1つの部署における容量を作成したことにある。またファイルを細かく分類し、古いものから自動的に削除されるようなシステムに変更することでシステムを改善することができる。そもそも不要になったレポートの多くが資源の一角を占めてしまうこと自身、大きな問題である。

　このシステムを導入した当初の決済方法は、年間利用について一括払いで利用者に先に振り込んでもらうなどの形態をとった。その後、プロバイダ間の競争が激化、料金は低廉化、更にADSLや光ファイバーのサービスも開始された。料金やサービスに差がある複数のサービスが個々に利用できるような環境になったことを勘案し、2001年には

この仕組みの見直しをはじめ、2002年度から自宅からのアクセス方法についてはそのサービスを停止、あわせて年間の料金を徴収するのを取りやめとした。

　このシステム導入によって、講義へのインターネット利用や学生がよりパソコンに触れる機会が増えたのは間違いなく、当初の目標の1つは達成された。これらの知見から情報システムを効率よく構築する為の条件としては以下の5つがあげられる。

1．技術進歩を明確に取り入れたものであること
2．情報システムが充分な経済性、利便性を有すること
3．情報システムの構築を可能にするインフラストラクチュアの整備が行われていること
4．情報システム設置、運用、サービスの提供について関連制度の見直しが的確に行われていること
5．ニューメディアを用いた情報システム構築についての利用者のコンセンサスが形成されていること

4-1-2　PC実習の事例

　学級の最適規模が決定されるといくつかの推論が導き出される。例えば学生の問題意識や規律が高ければ高いほど学級規模は大きくしても教育効果は減少しない。大学の経営という観点から見ればむろん大教室のほうが効率的である。小規模な教室を多数配置することで、環境整備と教員増員という問題が発生する。大学の組織特性から考えると教員のコマ数を増やすことは現実的ではない。したがって情報技術を教育に導入することで、大教室において学生の問題意識が高まり、かつ環境がすみやかに改善されるという検証が行えれば経済学的視点から見ても効率的であるといえる。

　大学における情報教育にサポートが重要なことは、多くの実例で実証されている。[2] 以下の模式図は大学に入学してからのIT活用のライ

フステージを入学、初年度、成長期、退出と簡単に模式化したものである（図表4－4）。

　サポートにあたる学生は初年度教育のPC実習において優秀な成績を得た学生から希望をとって確保した。したがって内側にあるサポートBOXには基本的に1年生は含まれない。サポート側の学生はPC実習の演習項目をWebから利用する事例（補講事例）、Webコンテンツ制作、音声、映像処理、HP管理更新、ネットワーク管理、セキュリティなど情報化が進展する社会の中において重要な業務を行うので社会からの要望に応える情報処理、活用能力が大きく向上する。

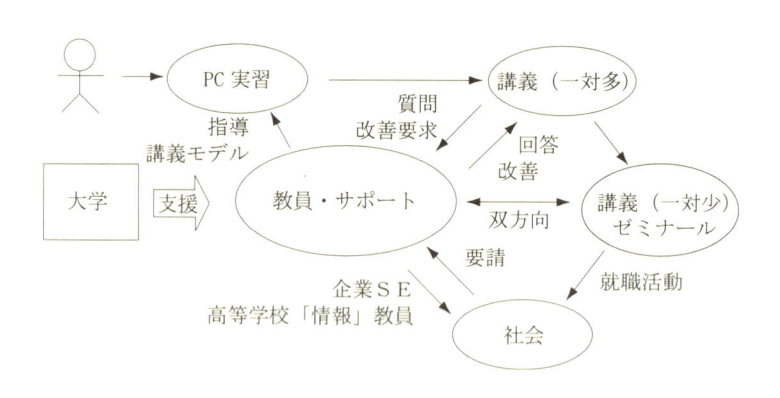

図表4－4　PC実習の事例における流れ

　初年度教育においてパソコン操作について学習することは、その後の学習や就職活動を考えても非常に重要である。特に大学の教育システムに今後の導入が図られるeラーニングのなどの形態での教育システムでは、学生がパソコンに積極的に触れる機会を作る必要がある。インターネットを使っての学習効果については、カリフォルニア州立大学のジェラルド・シャトル教授の実験が有名である。もちろん今日ではこうした事例のみではインターネットの有効性について全ての点で有効であるとはいえないが、先鞭をつけた実証実験ではある。[3]

　東洋大学経済学部において実際に2001年4月から実施した演習講義

「コンピュータ・リテラシィ―」に連動した補講事例「Computer Literacy E-Learning Edition（以下CLEE）」、を実例に取り上げる。この教材を利用する可能性がある学生は、「講義に対して向上心を持ち取り組む」「講義の内容についていけない」もしくは「復習目的」等が想定される。また、補講事例の特徴的なアクセス傾向として、自分が解らない問題にアクセスすることや、アクセスする時間は個々の任意による自由な時間帯となることが挙げられ、結果、集中アクセスを避けられることが期待できる。方法としてはまず初めにPCを前に実際に学生に問題演習を行ってもらい、音声で解説を行うという内容がベースとなっており、撮影を学内のスタジオで行った（図表4－5）。

図表4－5　学内スタジオにおける撮影

閲覧は学部サーバー上にデータをおいて学外からもアクセスできるよう配慮、特に個人認証をする措置はとっていない。認証措置をとらない理由は、このコンテンツは実習講義と連動してるので実習に参加していない人がコンテンツを利用することはできないという判断による。また動画での利用モデルであるので、利用者が動画を録画することができないように配慮した。あらかじめ担当講師が作成した問題をSAにスタジオ内でやってもらい撮影する。その際に解説者が音声で

操作方法や注意することを録音していく。図表4－6は、受講者が自分のPCから見た利用画面であるが、どのキーボードを操作すればいいのかが丸く表示されているのがわかる。図表4－7では、SAが作成した文書が表示されている。

図表4－6　受講者が見た画面

図表4－7　受講者が見た画面

第4章　ケーススタディ

　対象とした科目は「コンピュータリテラシー」で形式はPC実習形式（1人1台）であり、経済学部3学科で必修科目である（現在は選択）。この講義で使用するテキストは全員が購入している。またテキストにはレクチャーとなる解説部分と演習形式の課題群から構成されている。解答は付加されていない。この課題の解答を別冊で配布するのは簡単であるが、講義の前半は特に基礎的なPCの使い方から入っているので、講義で得た能力でネットワーク上にアクセスし、動画で実際の操作法を学べることでより学習効果が高くなると考えられる。

　2003年度4－7月、半年間集中で行ったA講義では、解説を講義時間中に説明し、後から解答を配布した。同時期に行ったB講義では、演習解説をインターネットで行うことにして、原則として講義中には演習解説を実施しなかった。以下、このAとBの講義における成績の差異（小テスト）を比較する（図表4－8）。なお、この講義の受講者は別学科に所属し全く重複していない。

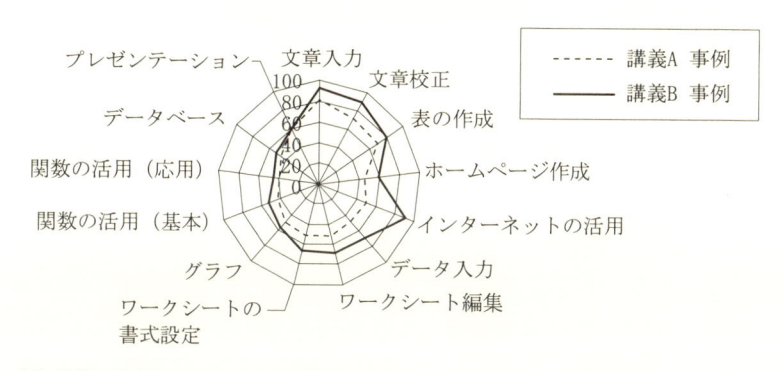

図表4－8　PC実習事例の比較

受講者数A　事例：217名　・B事例：121名

　このふたつのグループの平均値の違いをt検定で分析する。
　仮に棄却域を0.05とした時に片側両側のPは0.05より小さくなっている。またt境界値は片側両側のどちらの数値もtの絶対値はこれを上回っている。従ってこの事例では「ふたつのグループの平均は等し

い」という帰無仮説[4]が棄却される。よって遠隔で導入した動画コンテンツと試験結果の有無には関係があるということになる。

t−検定：分散が等しくないと仮定した2標本による検定

	変数1	変数2
平　均	54.1	67.6615385
分　散	160.203333	250.859231
観測数	13	13
仮説平均との差異	0	
自由度	23	
t	-2.4117188	
P（T<=t）片側	0.0121297	
t 境界値 片側	1.71387152	
P（T<=t）両側	0.02425941	
t 境界値 両側	2.0686576	

　この結果から言えることは、Aにおける演習の解説を講義時間で行う方式では、できないままの学生が存在し、そのことのフォローは次の講義実習では不可能になる。解説を読んで自宅で復習や予習を行うことは可能であるが、実際にはそうした行動をとる学生は少ないと思われる。しかしBではインターネットで多くの情報を得て利用するその時間に、こうした学習を行うことが可能であるだけでなく、動画などでイメージがわきやすいことが学習効果につながっていると判断できる。このシステムではおもに初心者に対するサポートを、インターネットで閲覧できるようにした。この狙いは上記で触れたが、更にこうした講義演習をよりスキルの高い学生に行わせることで、サポートスタッフを育成する効果もある。こうしたインストラクターを育成することの重要性については多くの報告事例がある。[5]

更に最近の実証実験などでインターネット利用者の文化行動は非利用者に比べて多岐にわたり行為率が高いという結果がでている。「教養文化や自己表現に関する項目でも積極的な傾向が現れており、情報感度が高い、変化志向といったメンタリティやあらゆる社会的価値について高い重要度をおく傾向とも対応する」（遠藤薫［2001］, p.58)[6]、このことは教育の場においては通信教育と遠隔教育との違いについて思考する材料となろう。事例が、コストに対する問題に対して有効であることはその配信形式に特徴がある。

次の図表4－9、4－10が示すとおり、特別なストリーミングサーバー等を設置せずとも集中アクセスは回避でき、補講モデルは運用可能となっている。利用環境別に見ると、大学からの利用者と自宅からの利用者によるアクセスの時間帯が異なっている。

図表4－9　補講事例のアクセス解析―時間帯区分

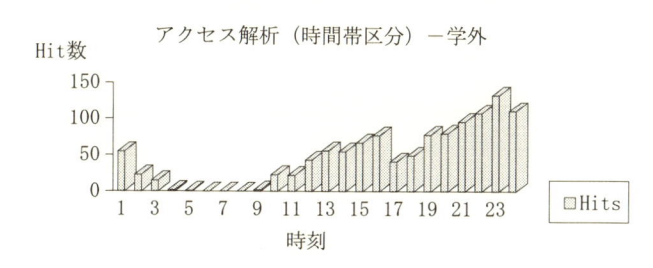

（調査期間は 2003.7.1-10.31）

図表4－10　補講事例のアクセス解析―時間帯区分

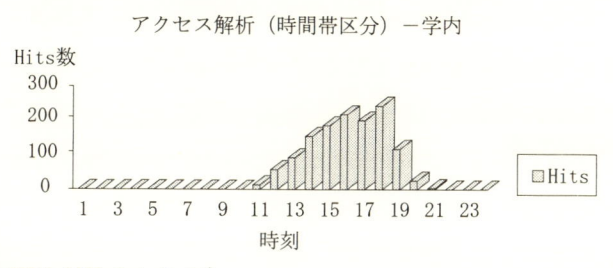

（調査機関は 2003.7.1-10.31）

次に、制作に関するコスト及び増え続ける保存領域に対する問題において、補講事例であるCLEEについてみた場合、制作規模が毎回の講義ごとでなく一講義、または講義の進行度依存でない教材に準じていることに大きな意味があるといえる。これは、講義の長さや話題にとらわれることなく均一的な補助教材としての意味を成し、講義ごとに増加をしていくのでなく、あらかじめ管理可能な配信を行える事に特徴がある。また、あらゆるコンテンツ配信には、必ず制作に携わる人間の存在が必要となるが、制作スタッフの運用についてみても、年間もしくは半年間講義に関わり続け、エンコード[7]を行い、配信コンテンツを制作するといったケースと異なり、集中的に１つのコンテンツ制作に携われる為、効率的且つクオリティコントロールにおいて安定性が期待できる。

　CLEEの制作規模では、補講モデルの研究開発期間を兼ねている為厳密に換算できないが、実質的な制作期間は約１ヵ月ということもそれを証明している。事前の制作計画次第で、作業時間・規模を調整可能であり、毎回講義をそのまま録画もしくはリアルタイムに配信することによる内容の不確実性に左右されることはない。その為、補講事例での教材連動型の配信は制作面においてメリットが大きい。

　取り上げて実施してきた最初のPC実習事例では、コミュニケーションについての仕組みが、欠落していた為に動画を利用した学生から質問をどのような方法でしたらいいのかの対応ができなかった。講義形式では、講義における質問を講義中に行うことは不可能に近い。理由はおもに学生側にあり、教員が質問の機会を与えても発言しないし、仮に質問を行えば講義はそこでストップすることになる。実習形式の講義ではPC室にSAなどのサポート要員が配置されていることが多く、途中で質問を行える。しかし遠隔での利用コンテンツに対する質問は、電子メールで可能とした。2004年に実施した事例Ⅱには電子メールでの質問を可能にした。後半に質問が集中した理由は、これは試験直前にいわゆる一夜漬けを行うという学生の代表的な行動様式がある為と

思われる。このケースでは教員は対応できないので、対策として同じような問題に対する解答をWeb上に公開し、そのアドレスを学生にメールで連絡するという方法がある。もしくはサポートに数名配置しておき、メールを分散して送る方法がある。いずれも負担が多く問題も多く発生する。[8]

　既に多くの大学では科目のシラバスをWeb上において公開している。しかしながら実際に講義を受けている学生の多くが、そのシラバスを閲覧して利用できているとは思われない。学生の多くは試験を重要視しており、その得点が知らされないことに対して不満を持っている。少なくとも模範解答をWeb上に公開し、自己採点が可能にするべきであるという意見が多くメールに見られた。また講義中のノートをWebで公開することが、欠席者への補講措置としては機能すると考えられる。こうした負担については教員のサポートとしてのアシスタントの業務として行われることで改善される。

　電子メールはツールとして非常に利便性が高いが、教育にどう利用するかについては担当の講義の性格と関連付けて使うことが重要である。レポート提出を電子メールで行った場合、教員はパソコンから印刷して読むことが必要になる。[9]

　誰が提出したかということが簡単に判明できる利点はあるが、このことが教育そのものの効果向上につながるわけではない。講義環境改善などの為に大学で現在、行われている学生アンケートは、その日までの状況についてでしか情報を書き留めることしかできない。電子メールではいつでも自分が感じたことを教員へ直接送ることができる。例えばスクリーンが見えにくい、音声が聞き取れない、私語が多いとか情報を送ることで教育環境が改善する。また当日の講義についての質問を分析することで学生の問題意識がどういう傾向にあるのか、という分析が実行できる。こうした分析を行うことで講義についての学生の認識度が判明し、次の講義に反映させることができる。ただし重要なのはこのメールを分析できるように分類と整理を迅速に行うシス

テムが必要になる。そこでシステムを作る為メール内容を、実習内容に合致した自分の意見を2、講義内容に合致した質問を1、談話的な内容は0として重みを計測した（図表4-11）。

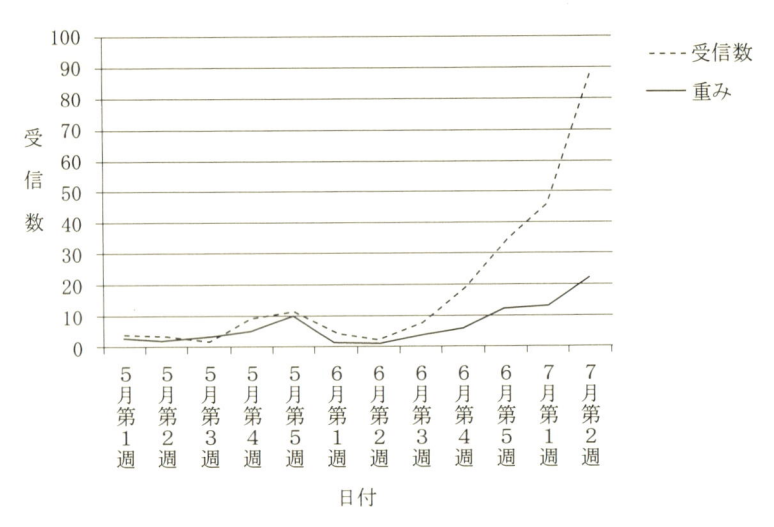

図表4-11　モデルⅡに対する質問と意見の重み

[グラフ：横軸 日付（5月第1週～7月第2週）、縦軸 受信数（0～100）、破線＝受信数、実線＝重み]

2004年5月第1週から7月第2週まで（セメスター制のため試験は7月第3週に実施）受講者数210名

　この結果から講義内容に合致する質問数は極端に増加しないことがわかった。従って他者の質問が閲覧できるシステムであれば重複率は減少することが判断できる。
　このような単独の講義での分析ではなく、大学全体での例えばサポートデスクが電子メールや窓口での対応で集積されたデータを定量分析し、大学の教育支援部門としての機能を果たすといった作業が実際に玉川大学で行われている。[10]

4-1-3　補償教育の事例

　2004年4月、東洋大学経済学部情報委員会では、数学の学力低下による課題に対処する為に経済数学の講義に演習形式の内容を学部HPから利用できるようにすることを企画した。実際に講義を担当してい

る講師に数学演習のコンテンツを作成してもらい、カメラを使用して講義を研究室で撮影した。映像と音声を利用するだけでなく、ノートに書き込んでの利用も可能にする為に文字が下にスクロールするように作成した。ただし担当講師が学部では複数おり、この形式のモデルを作成するには時間がかかることが想定できたので、最初に実施した複合モデルは1コースのみになった。学部や学科HPを入口にして、コンテンツを利用できるよう配慮した（図表4－12）。画面上では右側に担当教員の映像、左側に数式（講義と同期）、下側に文字による説明となっている。

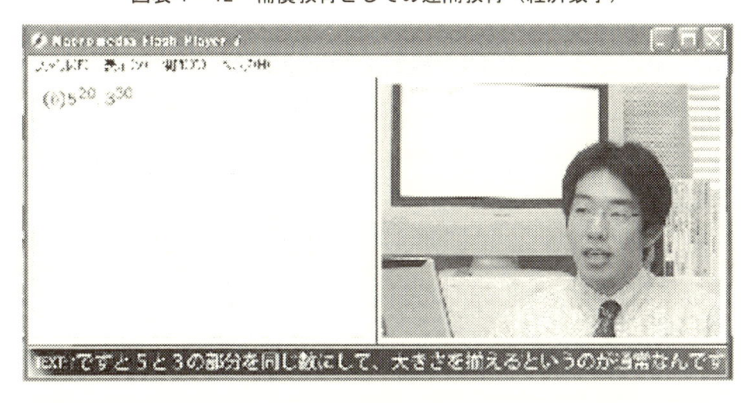

図表4－12　補償教育としての遠隔教育（経済数学）

授業のデザインは、おもに経済学部1年生向けに開講している経済数学に導入し、演習問題の解説を行った。学生の反響は大変大きく、受講者の91%が、アンケートで為になったと回答している。更にこのコンテンツの提供によってレポートの提出率が向上、小テストで未導入コースとの差異が現れたこと（図表4－13）、本試験でも30点以下の不合格者の減少傾向が顕著となった。このモデルを導入した講義のFDと経済学部の全ての講義におけるFDの平均値との比較が（図表4－14）になる。全ての項目で学部の平均値を上回っており、学生の学習意欲向上につながっているといえよう。このモデルは、東洋大学経済学部の情報委員会、経済数学などの初期教育担当教員が運営の実施担

当者となって行った。

4-13 経済数学による小試験（5月から12月までの各コース平均値）

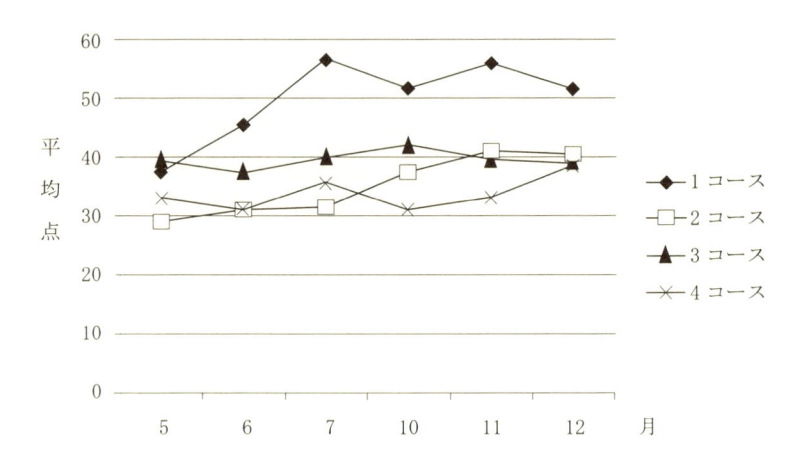

図表4-14 補習事例FDと学部FD平均値との比較

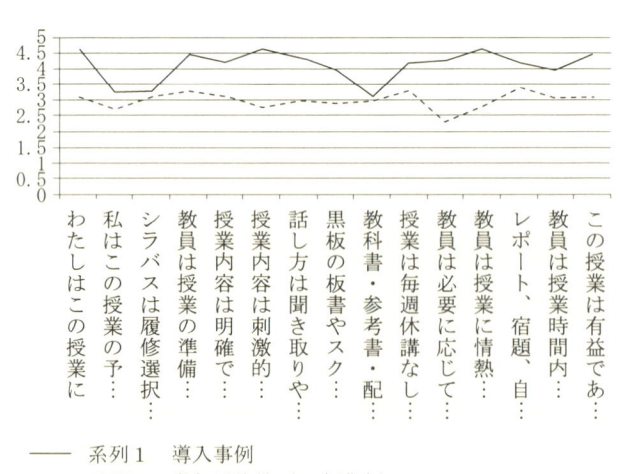

―― 系列1　導入事例
---- 系列2　学部平均値（5点満点）

t –検定：分散が等しくないと仮定した 2 標本による検定

	変数 1	変数 2
平　均	49.75	35.08333333
分　散	51.775	27.34166667
観測数	6	6
仮説平均との差異	0	
自由度	9	
t	4.038992589	
P（T<＝t）片側	0.001466519	
t 境界値 片側	1.833112923	
P（T<＝t）両側	0.002933038	
t 境界値 両側	2.262157158	

　上記の母集団が違うことから 1 の導入クラスと 2 の未導入クラスの平均値の差を t 検定を使って 2 つのサンプルの母平均（母集団の平均）が等しいかどうかの分析を行った。

　仮に棄却域を0.05とした時、片側両側のP（T<＝t）はどちらも0.05より小さいことがわかる。t 境界値は片側、両側とあるがどちらの数値よりも「t」の絶対値4.03は上回っている。以上のことから帰無仮説を棄却する。従ってこの例では 2 つのグループの平均は等しいという帰無仮説を棄却できる。

　結論として経済数学の補講事例導入コースと未導入コースの点数と事例導入の有無は関係があるということが言える。この事例は講義科目が必修科目になるので受講生が多い。更に数学の問題を作成する場合、作成者の著作権をどう守るかという課題と同じ問題が他にあった場合の対処法も思案した。作成者の著作権を守る為に、利用者を認証で区切るのが前提になり、同じ問題がないかどうかについてはネット上でできるだけ調査を行うなどしたが、かなりの労務になった。し

がってまず次の企画では動画の撮影を取りやめとすることでコンテンツの作成と編集の時間を短縮化することを提案した。

市販のソフトであるキャプティベート[11]を使用して作成したスライドと音声の同期したモデルを利用することで、動画がなくてもパネルの利用は可能であり音声利用もできる。容量は軽くなり、何度も繰り返すことが可能で利用場所の制限がない。受講者側には途中で止めることも可能である為に利用しやすいよう配慮されている。作成者側は講義補習用にコンテンツを別途作成するが、映像を撮影する必要がないので、PC上で簡易的に作成が行える。作成するにはソフトとマイクなどが必要で、音声の収録にも一定の環境が必要になる。また制作者の著作権保護の為に（図表4－15）にある認証システムをかけている。

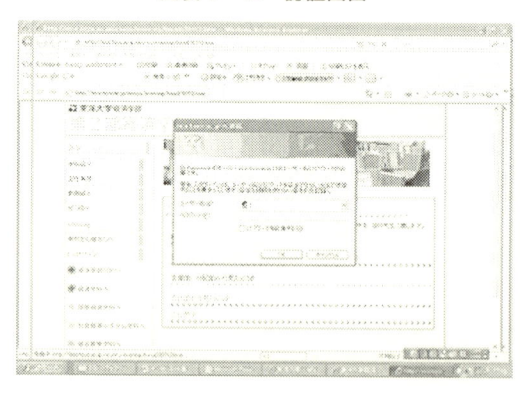

図表4－15　認証画面

このモデルでは、会話の機会が設けられていない。最大の効率性は、操作画面がそのまま参照できるということで、これは利用する側にとって全く同一の手順を追うことにより操作が再現できる。このような理由からリテラシーの差を意識することなく教育が行える。また、既存の操作説明では、ソフトウェア内の説明にとどまるケースが基本的だが、キャプティベートではWindows上の操作全てを記録する為、Windowsに対する操作を含めての習熟が期待できる。制作側においても画面を再現する必要が無く、デザイナーの存在が必要ない。また

音声を加える場合でも効率的に作業が行える。

　問題点としては、これが悪用されるケースが第1に挙げられる。画面がそのままキャプチャーされることは、キータイプを記録するツールなどと合わせれば、完全に個人情報が盗まれてしまう。従来以上に操作が容易であるツールであることから、他人のPCの画面上がそのまま記録される点は注意が必要である。また、著作権などの問題も無意識に侵害する可能性が大きいことも合わせて注意が必要だといえる。

　学生をスタッフにした情報教育支援システムの構築は、コストを低減化させる効果があるだけでなく、参加する学生の意識や能力の向上にもつながることになるなどメリットが大きいといえる。しかしながら、学生は数年で卒業し、また新たにやり直すような仕組みでは担当する教員などへの負担増につながる。しかし講義の特性に合致する遠隔教育モデルを構築し、利用できるように環境を整備することは、むしろ学生全員に使用できるパソコンを購入させたり、PC室の完備をはかることより重要だといえる。

　大学という環境で、こうしたコンテンツを展開する効率的な方法は、全体を統括する集中型システムではなく、学部や学科でより小さくそれぞれの講義特性にあわせての分散型モデルの構築を担当講師が行うことである。

4-1-4　ゼミナールでの事例

　少人数のゼミナール形式では電子メールが効率的に使用できる。ゼミでの事務的な伝達はメーリングリストで送信できる。またその際に開封確認を義務付けておけば誰が開封していないかも担当者は把握できる。ただし講義や報告などにおいて、個別の質問に対しては一定のルールが必要になる。[12]

　また仮想空間上で行われている質疑応答は、メンバーは共有することができない。メーリングリストを使うシステムも考えられるが、複数の意見を閲覧できるようにメールソフトはもともと作成されていな

い為にあまり効果的であるとはいえない。個別での学生とのやりとりをCCで共有する方法では、間違ってプライベートな内容を他の学生に送ってしまうようなリスクが考えられる。内容によっては、学生のその後のゼミナール参加への意欲喪失の機会となりえる。

　共通論題を研究するゼミ指導については、テーマを決定して個々に、あるいはチーム別に報告や質疑応答を行う形態が多い。しかしこの形式だとあらかじめ報告者と質問者が打ち合わせして内容を詰めておかないと質問に答えらず、そこで終了になる可能性が大きくなってくる。90分という限定された時間内で行うゼミを円滑に行う為には、事前打ち合わせシステムも効果的に機能する。ただし緊張感のない内容になり質的にも下がることはいうまでもない。また時間内で終了しないと、1週間後のゼミでは記憶が薄れてしまい連続性を用いたプログラムに繋がらない。

　こうした課題に対処する為に以下のシステムを導入した。対象学生は経済学部2－3年生で筆者のゼミに所属し、以下の企画にエントリーする20名3チームである。実施時期は2006年10月からであった。日本経済新聞主催の為替相場の予測を行う企画に初めてエントリーすることをゼミ内で決定し、共有するシステムの稼動を実施した。この為替相場の予測は「円ダービー」と称され全国約400以上の学校ゼミナールのチーム対抗戦で毎年4月末と5月末の円の対ドル相場を予測し、それぞれの実測値と一番近い値を予測したチームが優勝ということになり、表彰されている。ゼミから複数のチームを出すことが可能なので、それぞれのチーム内での情報は共有するが、相手側には情報は一切知らせない。

　したがって4－5名で作られたチーム内でのみメールを共有させて更にそのメンバーのみが参加できる掲示板が必要になる。各自が割り当てたテーマに則って調査を行い掲示板へ報告を行う。報告終了日から次のゼミまでに指定したメンバーがその内容に対して、ゼミ掲示板で質問を送る。その質問に対して報告者は同じ掲示板上で回答する。

期限を次のゼミまでとして行った。

　更に上記にあげたように記憶が薄れてしまい継続性が喪失するという問題に対しては、こうしたWebを通じた結果閲覧システムを作ることで、参加学生が特定のサイトを見ることで何がどこまで行われてきたかを記憶できるようにした。こうしたシステムを作成する場合、結果閲覧システムを一定の時期によって更新、不適当な質問に対する助言、指定した質問者が期限内に行わない場合等々の諸ケースが生じた場合のサポートが必要である。したがってサポート（オンラインインストラクターセクション）の役割が最も効果的な教育効果を生じさせる。

　ゼミナールでは担当教員がこうしたサポートを行えばよい。担当教員には全ての掲示板を閲覧することができる権限を与えて、学生がどのように積極的に意見交換を行っているのかを把握し、全体への資料提供やアドバイスを行うなどする。[13]

　この仕組みを導入して初めて日本経済新聞主催第7回の円ダービーにエントリーした筆者のゼミは、為替相場の予測方法やチーム間の競争を意識させる為の仕組みとして遠隔での意見や資料交換などを重視していることが注目され日本経済新聞記者が本学まで取材に来てその模様が大きく報道された（図表4−16）。

　遠隔で実施されているこの企画に対しての情報交換のウエートは、対面型教室でのやりとりとは比較にならないほど、大きくなっている。例えば2007年1月から2008年4月にかけて行われたゼミ内メールは800以上に及び、この企画用の掲示板での質疑応答はA4用紙で約70枚以上の分量に及んだ。

図表4−16

出所：2007年5月27日『日本経済新聞朝刊』

　為替相場予測の精度を向上させる為に、全体への共有情報として2006年10月から新たにメールマガジン（ゼミ共有）に為替の情報を掲載、海外の市場動向などを翻訳してゼミ内に共有する仕組みを追加した。為替相場への意識が常に残るように、米国のマクドナルドのハンバーガーの価格や携帯電話の料金など、生活に影響の大きいものを中心に日米比較価格表を作成し、データが更新できるようにシステムを修正した。翻訳については無料で利用できる検索サイトで提供されているシステムを使用した。

　次年度の参加では、前半4月の対ドル為替相場をわずか5銭差として431チーム内第9位で折り返し、2008年5月の日本経済新聞全国版に再度報道されることになった。チーム内でのコミュニケーション量を増加させ、活性化する仕組みを作ったことが精度の高い予測値を出すことに繋がったと分析している。

第4章 ケーススタディ

4−1−4−1　インターネットラジオの事例

　情報を発信することでその責任についてそれぞれが意識を高めることができるだけでなく、コンテンツの制作や配信についての知識や経験値も増す。ゼミでは2000年に取得したドメイン「shibuzemi.com」を中心に多くの情報発信を行い、中でもインターネットラジオを利用して番組を放送し、2009年度では約1200人に達するユーザー数を記録している。インターネットラジオを使った番組を大学外に拡大することで、企業からのレスポンスなども実際にあり、ここに遠隔の可能性を1つあげることもできよう（図表4−17）。

図表4−17　インターネットラジオの利用

■ NETWORK STATION the Radio -渋澤ゼミのラジオ番組-

NETWORK STATION the Radio

　渋澤ゼミWebsiteでは新企画として、2008年4月から第二・第四木曜日の月二回、ラジオ番組の配信を開始しました。この番組では複数班に分かれての企画から収録、公開まですべて渋ゼミ生の手で行っています。
　主な内容は、渋澤ゼミ生の声をお届けする「ボイス オブ 渋ゼミ」、企業の方やゼミの卒業生の先輩など、様々な方面で活躍されている方々へのインビューを行う「ボイス オブ スター」、渋澤先生がITと情報社会をテーマにしたコラムをお届けする「コラムで紐解くITと経済」、そして渋澤先生が脚本を手がけ、ゼミ生の出演でお届けするラジオドラマ「刺客」など、多彩な企画を取り揃え、このラジオ番組を魅力的なものにすべく渋澤ゼミ生皆で盛り上げていきますので、ご期待ください！

　番組編成班は決まった番組の流れをもとに、各班のスケジュール調整を行い、常に全体の進行状況を把握する役目を担う。また集まってきた素材を管理・チェックし、それをもとにパーソナリティ原稿を作

成する。編成班が管理するスケジュールは複雑で、1回ごとの各班の動きを指示するが、月2回の配信であるから、1回が終わってから次の収録に入っていては間に合わない。よって、収録が終わった班はその回が公開される前に、次回の収録を始める形になる。よって編成班は常に2回から3回分の進行を把握する。

　パーソナリティ班は番組全体に統一感を持たせる役割を担っている。ドラマ班のワークフローは複雑で、原作をもとにラジオドラマとしての脚本化ののち、そのイメージに合わせてゼミ生からキャスティングを行う。そしてレギュラーメンバーの日程調整を行い、時には個別に収録していくが、かけあいの演技が多いので、会話のシーンなどは同時に集まって収録するように心がける。

　この編集は音楽やSEなどほかの素材の挿入が多いことから、全体の編集とは異なる流れで行う場合が多い。ネットラジオの展開に当たっては、Webサイトチームとの連携が欠かせない。ネットラジオが更新されたことを告知する上で、Web、メールマガジンと足並みを揃え情報発信することで、互いの相乗効果が期待できる。ゼミの学生はインターネットラジオを聴きながら、それを学習機会として再利用する。

4-1-5　音声利用の事例

　この補講事例では、講義での解説を音声でのみ提供した。実際に講義を受講したが時間の制約で回答が理解できなかった学生がいるケースを想定した。全ての講義内容ではなく講義中の設問と回答などを選択してある。このケースでは、わからなかった学生のみが利用する可能性があると判断される。作成者は講義での音声を収録し、該当する部分のみPCから切り出してWebへUPする作業だけで終了する。アクセス解析によれば受講者の約27%がこの遠隔教育事例を利用した（図表4-18）。この事例もPC実習の最初の事例同様に会話を行う配慮が全くされていない。この事例での相対評価については後述する。

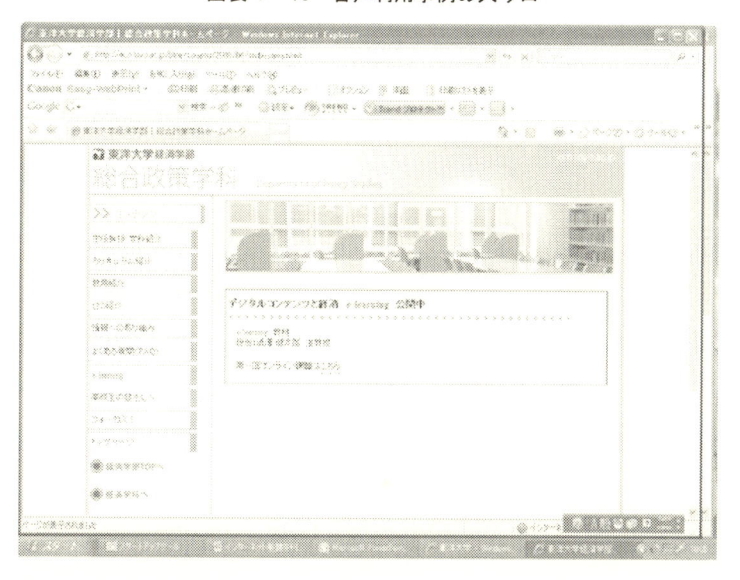

図表4−18　音声利用事例の入り口

　遠隔教育で特徴的に見られる自発的な利用を想定することは単一の講義内における理解度の格差の是正効果が期待できる。また、アクセスするインフラに関しても前述の通り、大学のインフラを最低基準[14]とすることで、実質的にADSLサービスを利用する家庭ではそのまま、また利用できなくても大学にて開放されているPCを利用することで可能な為、機器の有無・インフラの差異によるデジタルデバイド（情報格差）は、解消されている。
　デジタルデバイドは本来、操作能力の習熟度における格差と、情報通信インフラの格差の2つに大別して語られるが、現状行われている遠隔教育のモデルでは、デジタルデバイド問題はほぼ発生しないことになる。これは既に教育機関において情報に関するリテラシィ能力に対する取り組みを強化したことが功を奏しているといえる。具体的なデータを参照すると、平成19年と平成20年に行われた同じ講義においての小試験（導入は平成20年）を相対的に評価した場合、低い点数の学生数が多いデータが見られたのは導入以前であった。しかし点数が

高い学生の数はあまり変化が見られなかった。このことから音声での試験解説モデルは、講義に不安な学生の多くが利用したと見られるが、そうでない学生は利用しなかったことが想定される。Aのモデルにおいても同様の傾向が検証されたが、他にも複数要因が考えられることからこの結果だけで判断することは難しい。

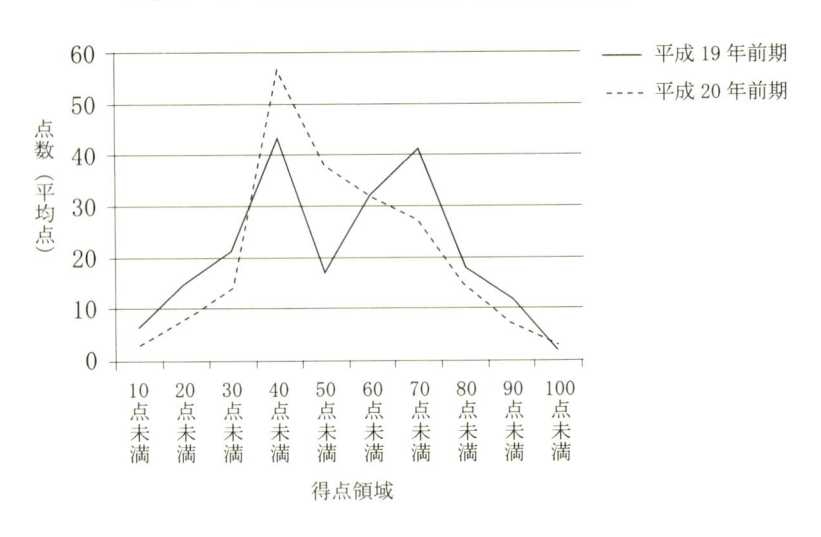

図表 4−19　遠隔教育音声事例での小試験の成績比較

上記の母集団が違うことから、平均値の差を t 検定を使って2つのサンプルの母平均（母集団の平均）が等しいかどうかの分析を行った。仮に棄却域を0.05とした時、片側両側のP（T<＝t）はどちらも0.05より大きいことがわかる。t 境界値は片側、両側とあるがどちらの数値よりも「t」の絶対値0.05を上回ってる。以上のことから帰無仮説を棄却できないことがわかる。従ってこの例では2つのグループの平均は等しいという帰無仮説を棄却できないので、平均がほぼ等しいということがわかった（以下数値分析）。結論として音声利用のモデルと試験の点数の有無には関係がないということになった。

傾向としては平成20年の結果は40−60点の領域が増加したが、逆に60−100までの高得点領域は平成19年の結果のほうが高い。しかも平

均値がほぼ同じであったということから、講義に不安がある学生は複数利用した為に30点未満の低得点者の減少が見られたが、全体の平均値が上昇していないということから音声利用事例を利用したことで全体の学力が上昇したとはいえないと考察する。

このモデルではコミュニケーションに対応する仕組みが全く配慮されていないこと、映像もなくイメージが把握できないことなどの要因からケーススタディ4-1-2のPC実習事例とはt検定の結果に差がでたと考えられる。

t-検定：分散が等しくないと仮定した2標本による検定

	変数1	変数2
平　均	20.8	20.4
分　散	197.5111	315.1555556
観測数	10	10
仮説平均との差異	0	
自由度	17	
t	0.055865	
P（T<=t）片側	0.47805	
t 境界値 片側	1.739607	
P（T<=t）両側	0.9561	
t 境界値 両側	2.109816	

4-1-6　高大連携同期の事例

東洋大学では2005年より東洋大学付属姫路高校と連携して遠隔講義を実施している（図表4-20）。分野を限定せず各学部から講義を担当する教員を選出、複数の講義を高校へ遠隔教育で配信することは、高大連携の試みでもあり、更に高校で始まっている情報の授業の取り組みとしても重要なプログラムとなっている。

図表4－20　遠隔講義の事例

筆者担当、東京都東洋大学白山校舎―兵庫県東洋大姫路高

　実施時期に関しては、9月に行うことになった。その理由はこの時期は大学側はまだ夏季休暇中であり、大学の講義と重複しないことや遠隔で講義配信をライブ方式で行うので、一定の環境が整えられる時期であることなどがあげられる。授業のデザインは、まず大学の各学部より1名から2名の教員を選出して講義を行い、映像と音声を高校のPC室へ配信する。高校は自由授業という時間をこの遠隔教育にあてて、受講した学生はそれぞれがレポートを提出する。講義は同期で行われ、直接、高校のPC室からマイクを通じて大学の教員と質疑応答が可能である。

　毎年、同時期にこうした機会を通じて大学の講義のイメージを理解し、進路についてのインセンティブとして高校生にとって良い学習の機会となっている。このモデルの運営については、東洋大学の学長室や教務部と付属高校との間で行われている。授業を開始する前に高校との間で音声や映像などのチェック作業を行う。ネットワークにおける環境整備はこのプログラム用に特に用意はせず、通常のネット環境をそのまま利用しているが、いわゆるWebカメラ方式に近いので途中で映像が遮断するなどのトラブルは、一切発生していない。授業後の感想文（資料1）であるが、受講した学生は当日感想文を記述し、

大学宛てに郵送する。

　このケースでは受講者76名全員が提出し、肯定的な意見が72名と95％を占めている。同期事例であり、しかも高校と大学の教育連携モデルとなるこの試みは大変に刺激的なプログラムであるが、技術スタッフが両方の教室にそれぞれ同室するなど事務的な準備時間と情報環境の整備にコストがかかる。それぞれの教室に撮影用カメラとマイクを用意し、講義を実施している最中にも高校側には教員が在室する。

　文字数の制限を規定せず、高校生に感想を書いて提出してもらったが、資料1にあるように文字数としての平均が約108字だった。高校との取り決めにおいてこの遠隔講義は行われているが、感想文が講義後の収集と郵送で教員へ届くまでの時間とコストを考えれば4-1-7で後述するツイッターで携帯電話を使ってコメントを記入してもらえば講義後にすぐに読み、更に回答やコメントを返すことが可能になる。ツイッターの文字数の制限が現在140字以内とあるが、紙に記述された文字数はそれ以下のものが多かったのでさほど影響はないことが考えられる。

資料1　授業後の感想文（対象付属高校1年生）

　東洋大学の先生がスクリーンにどうやって映るのかと思い興味が湧いた。普通に話が聞こえて少し驚いた。内容について事前に担任の先生から話を聞いていたので良かった。(K.K)

　姫路での電子マネーの例を先生が話してくれたので、よくわかった。東京で使われている電子マネーと形も違っていて、実際に見せてくれたので面白く感じた。硬貨が減ってきているという話には驚いた。(Y.T)

　目の前にいるような感じがして面白かったけど、質問はしにくいと感じた。声が一部聞き取れなかった。(S.N)

4-1-7 ツイッター利用について

実施時期：平成20年11月10日から平成21年1月10日
履修者：120名
対象：経済学部経済学科1年生
講義科目「情報システム」

　まずツイッターを利用する為には、講義履修者が各自登録する必要性がある。既に携帯からの登録が可能になっているので、履修者はすぐに登録ができる。講義を担当する講師は自分の取得したIDを受講者に知らせるだけで学生は書き込みを行うことが可能となる。その後に履修者のリスト化を行う。講義でのアナウンスで送られてきた質問は、同じ画面でリスト化されたメンバー全員が見ることができるので、質問は重複しにくい。効率的なことは質問への回答もむろん携帯で書き込めるので時間のタイムラグが少なく、受講者の満足度は高くなることが想定できる。課題は140字以内という文字数の制限であるが、実は過去行ってきた電子メール利用のケース4-1-2で質問の文字数を計測してみると重みのあるメール内容もその約80％がこの文字数の中におさまることが判明した。

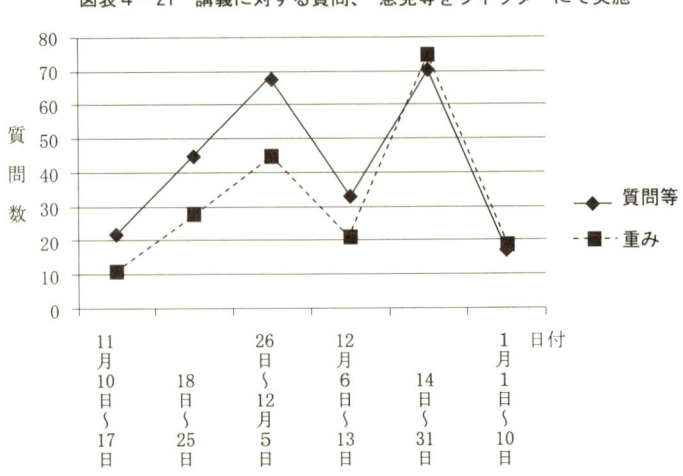

図表4-21　講義に対する質問、意見等をツイッターにて実施

4-2 ケーススタディの考察

ケーススタディはIDを意識して実施した（図表4-22参照のこと）。

図4-22　IDによる評価分析表

	PC実習	補償教育	ゼミナール	音声利用	高大連携
分析	実習形式、受講者のスキル差大、全くできない受講者の存在	数学が苦手な受講者多数存在、演習講義解説時間が長時間化	ゼミナール（2-4年）、各コース20名程度いる為に全員参加型とならない	大人数講義、専門講義、課題解説の時間がない、予習や復習の提示や説明が円滑に行えない	東洋大学から付属姫路高校への授業配信
デザイン	受講者のスキル差是正し円滑化、非同期	数学を苦手とする受講者を減少さ せ、2年次以降の学習意欲減退者を減少、非同期	様々な企画に挑戦し情報発信や理解力を向上、非同期	欠席者への対応、予習・復習の習慣と機会、非同期	大学と高校の交流、同期双方向
開発	Windows Media Playerで再生	マクロメディアの統合ソフトなど利用、パワーポイントのスライドと映像と音声同期、移動型文字盤の作成	Googleのグループサービスの利用MP3、インターネットラジオ利用	MP3、インターネットラジオ利用	撮影用カメラ共に1台、マイク、PC、プロジェクター、画像処理技術を用いた自動的なカメラ制御、補助者による主導でのカメラ移動（高校側）
実施	受講者はテキストを保持し遠隔用に作成した課題を閲覧し利用 初期のモデルはコミュニケーション非対応、その後のモデルは電子メールにて対応するモデルに改善	教材はダウンロード可能 コミュニケーション未対応	Googleサービスによるコミュニケーション利用 電子メール、共有掲示板	課題はWebで閲覧 コミュニケーション未対応	講義使用データを事前に転送、予習同時双方向システムにより質疑応答
評価	導入コースと未導入コースで小試験比較（t検定で分析）	導入コースと未導入コースで小試験比較（t検定で分析）、読売新聞に掲載（社会的評価）	日本経済新聞に掲載（社会的評価）	導入コースと未導入コース（年度）で試験比較（t検定で分析）	アンケート評価（感想を送付）

出所：筆者作成

結果としてどのモデルケースにおいても効果の差異はあるにせよ、一定の効果が検証できた。課題等については後述するとして技術的な制約として取り上げられるコミュニケーションの度合いであるが、近年普及著しいツイッターを上のモデルに組み込むことの障壁は低いし、むしろ対面型授業よりも質疑応答は活性化することがツイッターの事例からも検証可能である。

　日米の比較を考察した場合、日本の学生は集団的であり個別の遠隔教育は不向きであるとの指摘がある。しかし近年の研究によれば日本人の集団主義的行動が集団内の非協力的行動を排除する為の制度に支えられているとともに、その制度に対応した心理機構を獲得している可能性が高いという指摘が認められつつある。日本の集団主義の基盤として価値観ではなく集団内監視であることを日米比較で実証した事例もある。[15]

　そうなると通常の対面型方式、グループワークなどにおいては別の視点での意見は出にくい傾向にあることが予想できる。ネットワーク上での意見交換は、このような傾向を弱めることが考えられ個別の発想やアイデアを相手に伝えやすくなることが考えられる。ツイッターが爆発的な普及を見せることもこういった傾向の証明であろう。特に、掲示板と似たような機能を持つことでその集団に属しているグループがどのような意見を持っているかを判断できることで、安心する傾向にある。しかしながら、匿名性が完全に担保されている不特定多数が参加する「２ちゃんねる」のような匿名掲示板では、集団内監視行動が極端に上昇し他人を攻撃するような誹謗中傷が並列化する。

　同期型と非同期型については、第１章に述べたように非同期型が効果的に遠隔教育を促進する。特に演習形式では繰り返し学習することが必要になるので、非同期型のモデルは重要な軸になろう。しかしながら第２章で述べたように著作権の問題が大きな障壁となる。非同期型のモデルでは第35条に抵触することがケースとして多くなることが想定されるので効率的なモデルの構築ができないのである。高コスト

でしかも実際には緊張感がさほど保たれないことの多いリアルタイムの配信授業は、そもそも遠隔教育の持つ意義を縮小しており、生涯教育にも対応ができない。

次に学部内でマクロ的にケーススタディをどう判断したかの検証を行った。遠隔教育の質を改善する為には、受講者の満足度を知る必要がある。この為に利用されるのは、アンケートのような古典的な道具である。ICTは、多面的にこれらの方策を支援する。資料2のアンケートは平成19年1月に実施したものである。ランダムに選択したクラスへ配布されたアンケート用紙に講義中の時間を拝借し、各項目に回答して頂いた。回収された用紙を集計し、グラフ化したものである。利用者全体としての評価は肯定的な評価がほとんどであるが、学部eラーニングを利用したことがないという回答は48％という数値で学生への認知度が低いことが今後の大きな課題である。

資料2：経済学部eラーニング利用における調査報告

　　　　　　　　　　　　　　　　　平成19年2月20日
　　　　　　　　　　　　　　　　　経済学部情報委員会

　　　　　経済学部eラーニング利用における調査報告

1．実施日時：1月24日（木）、1月28日（月）
2．実施科目：経済学科「マクロ経済学」
　　　　　　　国際経済学科「移行期経済論」
　　　　　　　社会経済システム学科「現代の産業」
3．調査結果
　　アンケート実施人数　222名（経済学部2～4年）

Q1. あなたは学部eラーニングを利用したことがありますか？
（オンライン教材のダウンロード等も含める）　n=222

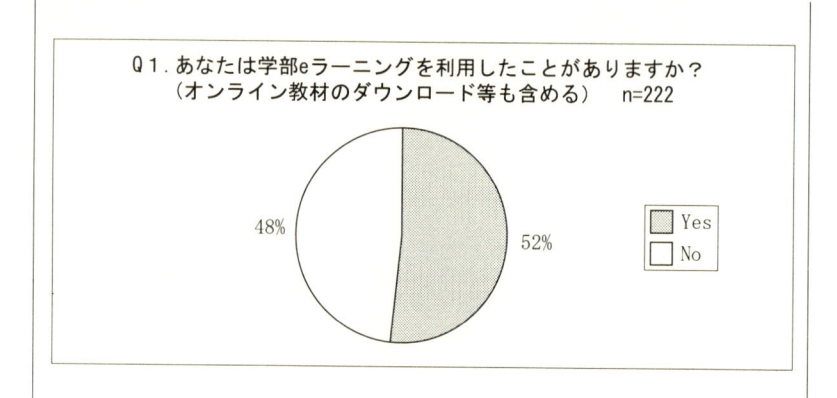

- Yes 52%
- No 48%

Q2. eラーニングはあなたの学習に役立ちましたか？
（Q1.でYに回答の方のみご記入下さい）

- ①とても役立った 17%
- ②まあまあ役立った 57%
- ③わからない 10%
- ④あまり役に立たない 15%
- ⑤役に立たない 1%

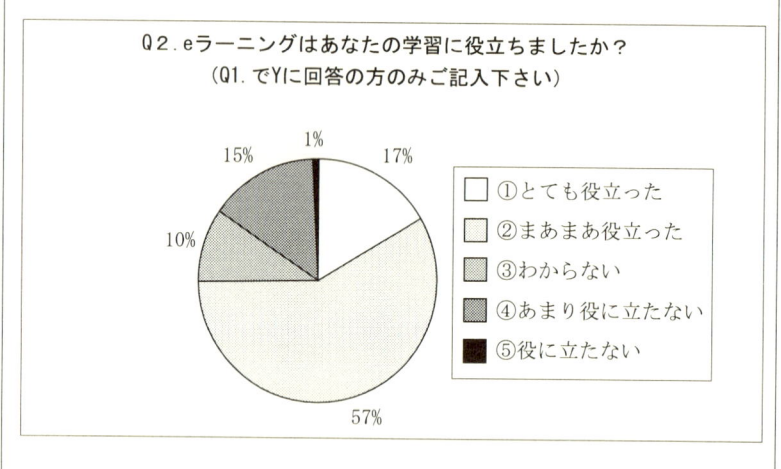

Q3. 講義内容とeラーニングコンテンツが連動していることをどう思いますか？
（Q1.でYに回答の方のみご記入下さい）

- ①とても役立った 33%
- ②まあまあ役立った 48%
- ③わからない 17%
- ④あまり役に立たない 2%
- ⑤役に立たない 0%

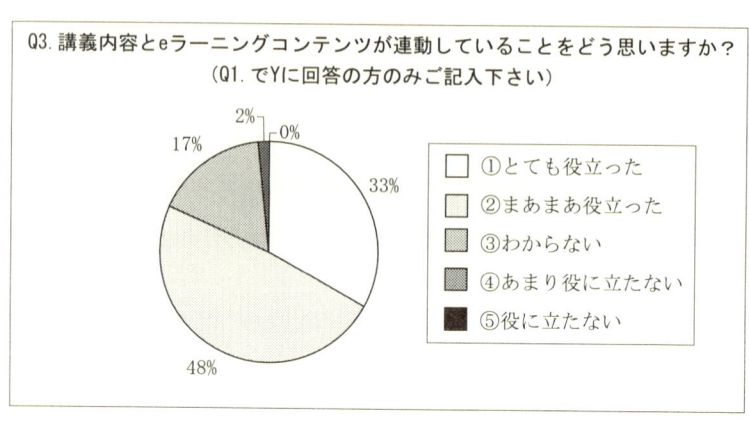

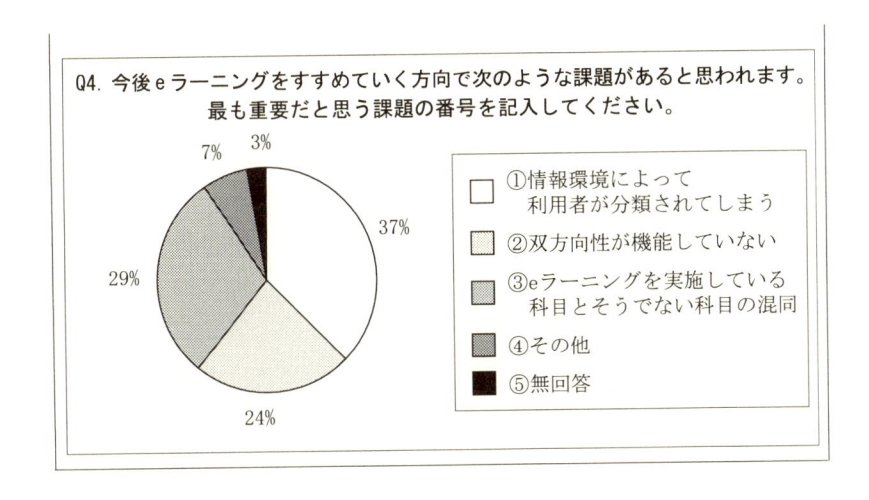

> Q4. 今後eラーニングをすすめていく方向で次のような課題があると思われます。最も重要だと思う課題の番号を記入してください。
>
> - ①情報環境によって利用者が分類されてしまう　37%
> - ②双方向性が機能していない　24%
> - ③eラーニングを実施している科目とそうでない科目の混同　29%
> - ④その他　7%
> - ⑤無回答　3%

　資料3は、同様のアンケートを平成20年12月に実施したものであるが、携帯電話からアンケートに参加できるシステムを構築した。このシステムでは受講者へ配布するのはQRコード[16]を印刷した用紙（資料3）のみで済む。更に実際のアンケート作業は教室という場所に限定されないので、自宅からでもどこからでもアンケートに投票できる。欠席者は希望すれば電子メールでコードを送ることが可能である。

　ICTは物理的な障壁、あるいは時間的な制約も緩和する。アンケートの公開に至るまでに資料2の方法ではアナログ作業からデジタルな作業への移行に多くの時間を要する。しかしモバイルによるアンケート収集方法では、期間を決定するという制約は存在するが、デジタル処理が数時間で可能になる。集計作業における人為的なミスが減少し、経済的に効率性の高い検証が得られることが想定できる。携帯電話については、全員が保持していると考えられるが、仮に保持していない場合でも代替的な方法を講じる。アンケート参加の為の個人的な負担は、経済的に認可できるものと判断する。結果について分析するとオンライン教材を見たことがないという回答が、26.4%もあるなど認知度が低くなっている。また判りにくいとの回答も15%を占めるなど課題があることが考察された。

この理由については、全ての講義でこのような取り組みがあるわけではないことや担当教員の取り組みの仕方には共通性がないことなどがあげられる。本研究での1つの課題である遠隔教育の方向性についてであるが、情報基盤をケーススタディ1で取り上げたように学内基盤をクローズで作る仕組みでは、結局新しい技術を取り込むのが遅くなるなど学生からの利用価値が低いものになる。現状で利用率が極めて低い。市場競争の中で生まれて新しい技術を導入しながら利用者が常に使いやすいよう配慮されたサービスを利用するほうが効率的である。具体的には本書でも取り上げているグーグルなどが提供するサービスのほうが利便性が高いということになる。資金をかけて学内情報基盤を拡充するのではなく、ツイッターのアカウントを大学が発行し利用をどの講義でも可能にするほうが学生には利用しやすいし、それは教員にも言えることである。

資料3：モバイルによるアンケート

配布資料
①本学科携帯サイトのアドレスを読み取るため、携帯電話のQRコード（バーコード）読み取り機能で、右のQRコードを読み取ってください。
②アドレスが読み取れましたら、携帯電話から携帯サイトにアクセスしてください。上図の左側のような画面が表示されます。どうぞ、ブックマーク・お気に入りに登録してください。

※QRコードの読み取り機能がない携帯電話をお持ちの方、QRコードの読み取りがうまくいかなかった方は、
http://eco.toyo.ac.jp/ sougou/m/ にアクセスしてください。
③「アンケート」を選んでください。質問項目が表示されます。

また、意見や質問がある方は、「質問送信ページ」を選んでください。

結果

アンケート集計結果　（最新53件の集計結果です）

■質問1■経済学入門演習のホームページを見ている。

回答項目	件数	グラフ
学期に1回程度	20	37.7%
見たことがない	13	24.5%
月に1回程度	9	17.0%
週に1回	6	11.3%
1日おき	4	7.5%
無回答	1	1.9%

■質問2■経済学入門演習のホームページを見て、小テストの解答を確認し 学期末試験に役立てた。

回答項目	件数	グラフ
少し役立った	16	30.2%
役だたなかった	13	24.5%
役立った	12	22.6%
大変役立った	9	17.0%
無回答	3	5.7%

■質問3■経済学入門演習またはその他の授業のオンライン教材（e-learning）を見ている。

回答項目	件数	グラフ
学期に1回程度	22	41.5%
見たことがない	14	26.4%
月に1回程度	10	18.9%
週に1回	4	7.5%
1日おき	2	3.8%
無回答	1	1.0%

■質問4■オンライン教材（e-learning）などインターネットで学習（復習）できる環境が整っていた方が良いと思う。

回答項目	件数	グラフ
大変そう思う	16	30.2%
そう思う	15	28.3%
少しそう思う	11	20.8%
そう思わない	6	11.3%
無回答	5	9.4%

■質問5■経済学入門演習のオンライン教材（e-learning）を見ている。

回答項目	件数	グラフ
見たことがない	16	30.2%
学期に1回程度	16	30.2%
月に1回程度	7	13.2%
1日おき	5	9.4%
週に1回	4	7.5%
無回答	5	9.4%

■質問6■オンライン教材（e-learning）は判りやすいですか。

回答項目	件数	グラフ
判りやすい	16	49.1%
判りにくい	8	15.1%
大変判りやすい	7	13.2%
非常に判りにくい	4	7.5%
無回答	8	15.1%

■質問7■オンライン教材（e-learning）は復習に役立った。

回答項目	件数	グラフ
少し役立った	15	28.3%
役立たなかった	13	24.5%
大変役立った	9	17.0%
役立った	7	13.2%
無回答	9	17.0%

この2つのアンケートを分析するとモデルⅠのアンケートは、回答率が約73％であったが、モデルⅡの回答率は約95％であった。対象が2－4年と1年と母集団に違いがあるが、こうしたコンテンツが配信利用できることを知らなかった学生が約50％から約30％程度に減少していることは評価すべきだといえる。しかし利用の仕方やそもそも知らない学生に情報を伝える場所が用意されていないことに大きな課題がある。

注────
1) 『大学の教育力』金子元久、ちくま新書P.167より引用。
2) 100校プロジェクトをはじめとして、多くの学校がインターネットを活用しており活用能力についても1998年日本心理学会第62回大会で実証例が分析されている。この中の御茶の水女子大学院人間文化研究科の報告によれば高校より中学生の方が能力が高いと示している。
3) 米国カリフォルニア州立大学のジェラルド・シャトル教授は社会学専攻の学生33人を対象に事前に何も知らせず、教室で講義を受けるグループとインターネットで学ぶグループの2つに分け通常の教室組の学生は14週間、毎週土曜日に講義を受ける一方、インターネット組の学生は電子メールを使って協力しあったり、インターネットで毎週同教授と直接議論した。その結果、インターネット組の学生は教室組の学生より試験で約20％高い得点を上げた。
4) ある仮説が正しいと仮説した上で、それに従う母集団から実際に観察された標本が抽出される確率を求め、その値により判断を行う。この仮説は最終的には棄却されるべきものなので帰無仮説と呼ばれる。
5) 『遠隔教育とeラーニング』鄭仁星、北大路書房。
6) 日本社会情報学会学会誌、第13巻2号。
7) データを一定の規則に基づいて符号化すること。
8) 例えば回答した場合にその回答に対して更に質問が送られてくるケースも多い。これは無制限になる可能性があり、一般的に教員より大学院生などのサポートであった場合、学生はあまり遠慮なく再質問を繰り返す傾向がある。
9) 添付されてきたレポートをパソコンの画面上で見ることはもちろん可

能であるが、印刷したレポートのほうが見やすいと感じる人が多い。
10) 小原芳明［2002］『ICTを活用した大学授業』玉川大学出版部、P.130-135参照。
11) PC画面で操作した動きを忠実にキャプチャー、再現するソフト。
12) 同じ質問を個々のメンバーが報告者に送る場合があるし、再質問を繰り返す場合もあるので報告者のストレスにつながる。
13) このシステムではメンバーの情報の共有が可能になる。
14) 講義受講者の内訳では、自宅でのブロードバンド利用率は35％で、それ以外の65％においては、約8割が、学内で本コンテンツを利用しているとの回答を示した（アンケートによる）。
15) 「日本人の集団主義を支える制度と心：日米比較実験による検討」竹村幸祐、社会心理学会報告文集より。
16) 1994年にデンソーが開発したマトリックス型2次元コード。

第5章　知識社会に見る高等教育のモデル

第5章　知識社会に見る高等教育のモデル

5－1　ケーススタディに見る知見

　IT技術は、ムーアの法則に従って進歩する。既存の制度に乗せた仕組みは短期的に形骸化することがある。遠隔教育の事例では実証的な研究を含めるので、多くの場合がその研究費に科研費を利用する。こうした研究費では限定された期間のみで結果を出すことが求められるだけでなく期間が終われば予算も使用できなくなる。遠隔教育のコンテンツを作成し、システムを自前で動かす為には相当な数の人材が必要であった。また学生をスタッフとして雇用するプログラムで行うと、3年生ですぐに就職活動ということになり、立ちいかなくなることがある（ケーススタディ4-1-2でのケース）。

　高額なソフトを使用、あるいは大容量のサーバーを準備して行った遠隔教育事例研究も多いが、技術の進歩は提供する製品の市場価格を無料に導いてゆく。技術や製品が無料になるということは、長期的なトレンドであり、誰もそこから逃れることはできない。このような長期的なトレンドを遠隔教育の戦略に組み入れることが肝要なのである[1]。すなわちキンドルで電子書籍が読まれるのが米国では普通になっているのに、わざわざコストをかけて受講者に高額の教科書を購入させるような仕組みをとることが、効率的か否かということである。

　既に開始されているアマゾン[2]の自費出版では既存の仕組みとは違い、著者の負担が減るばかりか、キンドルさえ購入すれば利用者はいつでもどこでもダウンロードして本を読むことが可能になる。国内における出版社と書店の関係やそれを支えてきた制度は激変を迫られる。

　同様に固定化させた遠隔教育のプログラムは、効率的に機能しない。国内で講義を全て収録して遠隔でWeb利用に使えるようにしたプログラムが、対面型講義に取って代わったという事例を知らない。途切れることなく講義を提供し、かつ誰もが使えるコミュニケーションのツールを利用することが最も効率的な方法の1つである。当然、情

報倫理などの講義を早い機会に組むことも重要なことになることはいうまでもない。

　本研究で研究対象としたのは、同期型、非同期型などあわせて6つの遠隔教育実践である。巨額の資金をかけなくても教員の裁量で付加価値のある遠隔教育を実施できる。高等教育機関によっては、多額な資金をかけて外部の企業に学習管理ソフトを中心にしたeラーニングシステムの構築を行っている。しかしながら本研究で取り上げたように遠隔での教育にはメンターなどのサポートシステムが機能しないと効果を発揮することができない。

　学習の意欲が喪失していくと利用率は激減する。本書で取り上げたケーススタディの中に特定の企業にシステムを外注し運営管理をまかせたものは1つもない。全てのモデルにおいて講義特性や分析から試案したものをベースとして、実際に講義と連動させて評価を全体像としてとらえようという試みを行った。こうした試みは今までに例がない。またケーススタディ（4-1-3）は、メディアにも取り上げられており、社会的な評価を得ている。[3]

　更にIDに則ったプログラムは、その繰り返しにより質の向上が期待できた（図表4-22参照）。担当する教員が自分の講義に遠隔教育を組み込むことで、将来的には生涯教育に対応できるシステム構築が進展するだろう。遠隔教育には莫大なコストがかかるというのは一面的な真実にしか過ぎず、大学教員の負担が増えるという不安や抵抗は、いずれやってくる大学倒産の波にさらされよう。社会的なニーズに答えることのできない高等教育機関は生き残れない。

　実習形式であるコンピューターリテラシーにおいて特に大きな課題とされていたのが、参加する学生のスキルの差である。特に実習形式の場合、ついていくことができない学生は、学習意欲をなくしてしまうということが分析されていたので、遠隔教育での補習を行った。こうした遠隔教育を行ったことで、試験の結果において点数が向上したと検証している。

第5章　知識社会に見る高等教育のモデル

　経済学部の主幹科目であるミクロ・マクロ経済学演習は単位を落とす学生も多く、経済学部にとって基礎学力の低下による問題が大きな課題であった。学部で行っているFDの結果を使って遠隔教育を実施している講義を分析してみると、導入以前の同じ項目との点数が高いことが顕著に現れ、かつ全体の平均値も上昇した。FDの評価項目では「刺激があり意欲が向上した」「教員は授業の準備をよくした」「教員は意欲的に授業に取り組んだ」などの質問項目で学部全体評価と導入講義科目との差が生じた。これは、他の要因が含まれるという異論を差し置いても、学生にとってのこのような試みについてかなり評価が高いことは、遠隔での利用の将来性への期待値が高いことを意味している。

　経済数学においては、学部全体の課題として多くの文系の大学が抱える課題でもある、苦手な数学への対応を遠隔で行うことの大きな意義があった。学部に補償教育の遠隔を導入したことを筆者は学会で報告を行い、各大学の研究者と質疑を繰り返した。学部での卒業率を5年間の推移で調査をしたが、残念ながら卒業率の上昇は見ることができなかった。経済的な要因が悪化していることなどから、むしろこの5年間での退学者は増加傾向にあった。

　「マルチメディアと情報社会」では、専門用語の解説や課題をネットラジオの仕組みを利用して配信した。このモデルは、短期的に利用者数が増えてもその後に利用者数、利用率ともに減少することが後にあきらかとなった（ケーススタディ4-1-5）。音声での利用モデルは、非同期の動画再生システムではないので、著作権に関しての労務が軽減され、低コストで短期的にコンテンツの作成と編集ができた。母集団が違う2つをt検定で平均値の差を求めたところ、ほぼ同じ平均値という値を示した。このことによって遠隔補講音声モデルは領域をゆがませたが、高得点者を増加させてはいないということがわかった。このモデルでは導入と試験の結果に有意の検証を得ることができなかった。

同期型のモデルとして大学と高校という文化的差異を有する場所への遠隔教育の実践は、音声や画質などの環境は成功の重要な要素となるが、むしろ対話性の確保と提供される教材などの事前準備が優位であることを証明した。既存の対話型講義で受講者から受ける質問より、遠隔で提供するコンテンツへの質問が多くあり、対話性を重視することでシステムを構成することが極めて重要であることがわかった（ケーススタディ4-1-3、4-1-5）。

　本書での遠隔教育に関する考察は、異なる形態である5つの遠隔教育実践と1つの試験的なコミュニケーションサービス利用の評価結果を中心に導き出されたものである。個人レベル、学部、大学と遠隔教育を実施する責任の主体が異なってはいるし、一部試験的な試みも含んでいるが、それぞれができるだけIDによる授業デザインを組み込める為のプロセスを実施しようとした。

　遠隔教育の評価考察によれば配信を行う主体の組織構成ではなく、むしろIDに則ったプログラム設計にその優位性が認められる。非同期型の遠隔講義は、受講生がいつでもどこでも自分のペースにあわせて学習できることが特徴である。その反面、受講生への学習への動機づけが難しく、ドロップアウトしてしまう学生も多い。しかしながら例えばコンピューターリテラシーなどのPC実習にしても、実社会でこうした技術が必要なのは認知されており、ただ単位を取得するだけの動機付けではない学生は、こうした遠隔教育を継続的に利用している。

　経済数学についても全く同様であり、補習用の資料や問題を講義で配布し資料と解説をHPからダウンロードして利用するようなモデルは、しばらくすると利用率が非常に低下する傾向が見られた。遠隔教育では、現実空間をICTによって結ぶことによって新たなリアリティを構成し、そのリアリティにおいて学生が主体的な学びを行うことが可能となるものであるといえる。

　本研究で得られた知見に基づけば、学習への動機づけの低下を解決する為、まず第1に、遠隔教育で学習する受講生同士の情報交換や、

第5章　知識社会に見る高等教育のモデル

教員との必要な情報双方向性の担保などの対話性に配慮したシステムの考案、そして第2に短期的な検証を図り、新たなデザインを構築していくことが継続的な利用と学習者の満足度を高める為に重要であるといえる。その為には、メンターなど学びに関わるスタッフとのつながりを意識させることも重要なことであろう。また遠隔教育実践にあたって、システムの知識を有したスタッフの常時確保という課題が出てくる。こういった課題に対しては、やはり組織として技術スタッフを育成、確保することが今後の大きな課題になると思われる。育成されたメンターは、就職活動でも能力を企業から評価されるケースが多くなると考えられる。教職希望の学生にとって、事前に経験が積める業務は、意義のあることが推察される。利益を上げることが目的である企業には中長期的にメンターを育成することに期待できない。高等教育機関には多様な講義が存在し、情報システムや基盤も整備されている。遠隔教育での役割を担えるのは高等教育機関しかない。

　先行研究を概観すると、遠隔教育に関する調査研究で最も多いのは、通信メディアの効果に焦点をあてたものである。こうした研究の中での特徴は、単数もしくは複数の通信技術を利用した教員や教育機関の効果に関するプログラムを単に事例的な研究報告として記述した例が少なくない。また方法が異なった教育の効果を比較した研究は他にもたくさんある。これらの研究の大半は、従来の教室授業と電子技術を用いた教育の効果の比較である。最近では2以上の異なる学習環境における遠隔学習の成果を比較した研究も増えている。以上の先行研究を踏まえて、本研究においては、異なるタイプの学生に最も効果的な教育手段を見つける為のプログラムや、異なるタイプの遠隔教育戦略と学習内容に最も適したメディアを見つける研究を進めることを意図し、今までの先行研究では少ない事例研究を掘り下げることによって情報社会における高等教育の遠隔教育モデルを考察した。

　遠隔教育によってグローバルな高等教育が提供されるようになるか、という議論についていえばその実現性にはまだかなり大きな障壁があ

るといわざるをえない。技術の中立性が担保され、規格が統一化され、ネットワーク環境はあるゆる意味で改善されつつあるもののまずは遠隔教育を発展させる要となる教育理念や哲学が確立されていない。更に制度的な面が不十分である。

　教員免許制度1つ取り上げてみても米国ではそもそも教員免許制度が存在せず、米国の大学に進学してみても日本国内で教壇に立つことのできる教員免許は取得できない。その為に国内の通信教育などを利用しながらコストをあらたに負担することが必要になってくる。

　先に取り上げているEUの欧州単位互換システム（ECTIS）と比較して日本の大学は極めて限定される単位互換システムしか保持していない。こうした制度的な改善には国のこれからの教育システムにおけるまとまった議論や予算の枠組み、各大学の横並び的なシステムや人材交流、などが前提であり、現状では見込めない。これを改善する施策としては高等教育機関における遠隔教育を中心とした単位互換システムに焦点をあてるべきであろうと著者は提案したい。

　教育基本法第3条には、「国民1人1人が、自己の人格を磨き、豊かな人生を送ることができるよう、その生涯にわたって、あらゆる機会に、あらゆる場所において学習することができ、その成果を適切に生かすことのできる社会の実現が図られなければならない」[4]とある。遠隔教育の目標はまさにこれと合致する。

　現在、インターネットがあらゆる場所で利用可能になってきている。遠隔教育を新しい教育システムとして利用することでこの概念は具体化する。更に遠隔教育では教室で発生している陰湿ないじめや差別、教員への暴言や暴行などのリスクが軽減される。対面型コミュニケーション能力が不足するのではないか？　との疑問には学生が希望する場合には、いつでも対面コミュニケーションの場を用意することで回避できよう。顔をあわせるという要素をまったく持たないオンデマンド型講義では、学生同士のコミュケーションのやりとりが不足しがちであることは否定できないが、ツイッターでは学生同士のコミュニケ

ーションも可能である。筆者は全てのことを仮想空間上で完結しなければならないと断じていない。ツイッターはむしろ対面の場を増やすツールとしても使用できる。この10年以上、教育現場で起きている問題にクラスの少人数化や教員増員、あるいはゆとり教育で対応してきたが結果的に失敗に終わったといえる。

　ゆとり教育は、意欲的に人の上に立つ精神を阻害しかつ競争原理を否定するものである。遠隔教育では、意欲のある学生は際限なく学習の機会が与えられなければならない。成熟した社会で高等教育機関は競争にさらされる。経済学の仮説である「合理的に行動する人々は生き残り、そうでない人々は失敗するということを競争の力が保証する」が成立するならば自ら生き残りをかけて高等教育機関が合理的に行動すべき時がきている。

　今までの多くの事例研究が示唆しているように、既存の制度のもとでは、大学が提供してきた全てのことを遠隔教育で置き換えることはできない。本書で提案したような制度改革を行うことで遠隔教育が生涯教育や地域社会での新しい役割を担える方向へ進むと提言したい。仮に遠隔教育が2次的な選択肢となるのであれば高等教育の将来は、本書で取り上げてきたような従来型のキャンパスにICTモデルを組み込んだオープンソースを基軸にしたシステムを、そこに効率的に組み込んでいく混合型モデルをしばらくの間、発展させていくことになるだろう。

5−2　対米比較に見る高等教育のモデル

　アメリカの高等教育では、教育は商品の1つで大学はその商品の売り手、学生はその買い手といった考え方がある。従ってアメリカの大学は、顧客である学生の要求を満たす為に、常に教育内容やキャンパスライフの質の向上を心がけていく必要性が生じる。アメリカには、4,276校の大学がある（この数字には、認定制度による認定を受けていな

い大学も含まれる）。高等学校を卒業して直ぐに大学に進学する比率が高い日本と比べると米国は社会人になってから更に教育を受ける機会を求めて進学する比率が極めて高い。

　4,276校の大学の内、およそ半数の大学では遠隔教育を実施していると考えられる。その理由は上述したように社会人の比率が高い為に、通学ではない効率性がより求められていることや生涯教育についての重要性を多くの高等教育機関が、経営上の点からも重視していることなどが挙げられる。学生側を比較してみると日本においては大学を就職の為の足がかり的なものとして捉える風潮があり、自ら積極的に学ぶ為の場所としての自覚が学生側に欠けているといえる。しかしこれは学生を批判するということではなく、大学側にもおおいに責任があるといえる。学生の自主性を高める為の努力が足りなかったという点を反省すべき時に来ている。

　本書では制度的な問題を遠隔教育が効率的に進まないことの要因として記述したが、既に文部科学省は規制を緩和し、かなりの単位を遠隔で実施できるようになっている。しかし実際には高等教育機関がICT技術を使って補講的なモデルとして本格運用している事例は日本では1桁台にしか過ぎない。

　ICT活用のレベルが、先進国中で非常に低くなっていることや学力の国際的な低下という現実を分析すれば、高等教育機関がやらなければならないことは遠隔教育を本格的に推し進めることであろう（以下資料参照）。

図表5-1　学力の国際比較（日本）

	2000年	2003年	2006年	備考
科学的リテラシー	2位	2位	6位	フィンランドが前回と同じく1位 韓国も大きく順位低下
読解力	8位	14位	15位	韓国が1位に躍進
数学的リテラシー	1位	6位	10位	台湾1位

出所：OECD生徒学習到達度調査より引用

第5章　知識社会に見る高等教育のモデル

注———

1)『技術経営』山田肇[2005], NTT出版より一部引用。
2) 米国シアトルにある大手通販サイト、インターネット上の取引を最初に行う。
3) 2004.10.9読売新聞に掲載。
4) 教育基本法第3条より引用。

第6章 結 語

第6章 結　語

　日本のように大学への進学率が50％を超えるような教育大国にあって「競争」を実施した結果、生み出される数多くの敗者の存在が問題となる。問題視されるのはこの多数の敗者の存在であり、この対応をどうするのかが教育の問題といってもよい。またそうした敗者の多数は、ネットワーク社会の中でお互いが情報交換を行い自分が参加した競争の結果やその評価基準が何だったかを事後的に知ろうとする。その結果を見て判断を行うことで同様の失敗を繰り返さない。

　しかし既存の高等教育システムではこのような機会すら用意されない場合がほとんどである。学生の多くは受けた試験の結果すら知らされないケースがある。遠隔教育では個人の成績をネットワーク上でいつでも確認できる。学力低下と教育システムの関連は、様々な観点から研究が進んでいるが根本的な原因は究明されていない。しかしながら多くのデータから類推すれば近年の我が国の大学生の学力低下は著しいと思える。特に基礎的な学力の低下という問題にどう対応するかに多くの高等教育機関が必死で対応せざる得ない状況に陥っている。

　年間35週で決められた講義以外の時間でこのような問題に対応する為には、遠隔教育での基礎的教育しか方法はないと思われる。学習管理における問題は高等教育機関の事務的な部門で対応が可能で、セキュリティにおける問題は情報システム部門が対応できる。既に大半の高等教育機関ではシラバスは電子化され休講情報などもネットワーク上で利用できるようになっている。成績の管理や学生個人情報などもデジタルデータに変換されている。遠隔教育を行う環境は整備されているのである。もとより個別の教員が遠隔教育で全ての問題に対応するのは不可能である。遠隔教育の可能性を否定する理論的な側面を概観すると、多くの研究者がコミュニケーションの不足から来る課題、あるいは学習者の意欲の後退を論述している。しかし既存の教育システムを見てもコミュケーション能力が不足する傾向は助長されている。5年間以上にわたって仮想空間上でのコミュニケーションを積極的に増やす手法を講義やゼミナールで導入した結果は、本書で論じたよう

に明らかに多くのプラス効果が認められている。ネットワーク上でのディスカッションは、対面型のコミュニケーション能力を減少させるものではない。筆者はむしろその逆であろうと考察している。

　英語の学力が世界的に見て極めて低く英語での講義を増やす必要が早急にあるという研究者の指摘がある。海外の高等教育機関と提携等をしている国内高等教育機関が多いので遠隔教育での単位修得が可能であれば、英語力の充実にも遠隔教育が大きな役割を果たすことは間違いない。高等教育機関でも半数程度の講義を英語で行うべきとの議論もある。生涯教育に遠隔教育を組み込みつつある米国とそうではない日本との比較は、今後の日本の総体的な成長力や知識力はもちろんのこと、経済力にまで大きな格差をもたらす可能性がある。

　本研究外であった為、特段取り上げなかったが、インターネットでの教育が遠隔教育全てではない。FMコミュニティ[1]の利用は、地域社会と高等教育機関を結び付けるし、PCや携帯電話がなくてもラジオ機器だけあれば所定の範囲内なら聴講することが可能である。

　ラジオ局もようやくネット放送に参入することを決定しており、インターネットラジオでのコンテンツも急増するであろう。なぜ高等教育機関は積極的にこうした試みを行わないのか。背景にはFMコミュニティの免許を取得しても電波の範囲が極めて限定的であり、しかも情報をリアルタイムに放送するラジオ放送では人材は多数継続的に必要になる。多くのFMコミュニティが利益を挙げていないことも理由であろう。こうした問題を改善する為には規制の撤廃が必要であり、教育機関への特例的な措置を作ることである。構造特区のような限定的なモデルでは生涯教育に長期的に対応していくことが難しい。著作権第35条は廃止し、著作権の縛りによって遠隔教育が進まない状況はすみやかに改善すべきである。単位の修得についても情報化による環境の変化に鑑み柔軟な発想を大学設置基準法に盛り込んでほしい。

　生涯、人が学習を続けていくことで更に豊かな社会に結びつくという概念が生涯教育の考え方であり高等教育機関はこうした要望に大き

な役割を果たさなければならない。身体に障害があって学習の機会を損失する既存の教育システムを転換しなければならない。

　バリアフリーは非常に重要な発想であるが、むしろ遠隔教育で全ての単位を修得できるようにする方が効率的である。日本は先進国の中でも高等教育機関の数が圧倒的に多い。しかしながら、例えば鳥取県には3つの大学しかなく地域的に大きな歪みがあり、地方の高校生にとっては高いコストを負担して都市部の大学に通学する手段を強いられている。遠隔教育で都市部にある大学の講義を受講することができればコストが低減化されるのみならず、地方人口の減少を止める要因として成立する可能性もある。景気の悪化によって保護者の家計事情も大きく変化している。事実上破綻状況に陥っている旧育英会奨学金制度について、政府は2010年度予算案で奨学金の事業規模を前年度比6％増やし1兆55億円としたが、内容は貸与型奨学金の整備が中心となっている。こうした政策は破綻した企業やセクターへの公的資金投入の様相をなしている感がある。むしろ長期的に見て、遠隔教育の整備としての予算枠を設け、全ての高等教育機関において受講者が情報化の恩恵を受けることができるシステム作りを早急に始めるべきである。

　情報化によって社会構造が変質していく中で対応できる能力を、教員は身につけるのみならず情報基盤のユビキタス化を柔軟に取り入れていかなければならない。遠隔教育の導入は、既存の単位習得や大学での教育の在り方を見直す最初の1歩となることを信じて疑わない。教育に携わる全ての人間が新たな教育システムとしての遠隔教育についてその可能性を模索して欲しい。

注───
　1）コミュニティを放送の単位とする日本の放送局形態の1つで、市区町村や政令都市域内の一部を放送対象とする放送。電波形式はFMを使用する。

あとがき

　6年ほど前、私の講義を取っている学生に筋ジストロフィーという難病を患っている学生がおり、毎回車椅子で講義に参加していた。大変優秀な学生でレポートは頻繁にメールで提出していた。しかし病状が悪化した為に試験を受けることができないという連絡がメールできた為に、学科主任や教務と相談をして特別にネットでの試験を行った。

　幸いにして試験をネットを利用して受けて私の講義科目は単位を取得したが、次年度以降は通学が不可能になり大学を中途で退学をしたという連絡があった。仮に遠隔教育でのシステムの選択があれば大学を彼は卒業できたのかも知れない。病室や自宅からでも遠隔教育は対応できる。

　全国には多くの諸事情で大学に通学できずに休学や退学を選ぶ学生がどれくらいいるのであろうか。それならばサイバー大学や放送大学、通信教育があるのでは？　という声もある。しかしながら自分のやりたい学問領域がサイバー大学にあるだろうか。ちなみにサイバー大学で開講されている講義の専門領域は限定されている。通信教育は実はスクーリングが課せられており、送られてきた分厚い教科書を読んでレポートを記述するような方法では学問への意欲を保持しえないという課題もある。

　放送大学も近年、インターネットでの利用を試みてはいるが、講義を収録したコンテンツをネットで閲覧する仕組みが基軸となっている。質の高い講義を送り、通常の大学と変わらないというのであれば卒業率はなぜ1桁台での推移が長期的に続いているのであろうか。自分が興味のある内容を遠隔教育で利用でき、かつ教員とコミュニケーションが図れることで学習意欲は向上する。グループ内での情報共有や情報発信の場は、学習目的を明確にし集団的な議論の手法も学んでゆく。そこにはメンターや意欲的な教員の存在が不可欠であることはいうまでもない。

ここ数年の教育の現場では、「いじめ」「登校拒否」「暴力」などの問題が解決の方向へ向かうどころか、手のつけられない状況へ陥っている。1クラスの定員も少なくなり、より教員の目が届きやすくなったはずである。しかし、いまや小中不登校児の数はわかっているだけで、15万人を超えているとも言われている。
　更に教員が不祥事を起こす事例が急増してきている。精神的なストレスに耐えかねて、通院している教員の数も同様に増加している。こうした理由は多岐にわたり、根本的な原因や対策はなかなか立てられないのが実情である。遠隔教育にはコミュニケーションを図る機会を増やすという効果がある。
　学生の多くが教室で質問のできない現状を鑑みれば、理解度が対面型で高まるなどという意見はそれこそ現実的ではない。近年は草食系といわれる学生も多くなり、担当教員の研究室などに足を運んで質疑を試みる学生の数も減少していると思われる。
　この数十年で社会変化の進度が早くなり、物の価値観、考え方などがそれに伴って急速に変化した。しかし学校のシステムは、あまり旧来型と変わっていない。今の教育で何が足りないか？　という指摘を受けた場合、私が即座に答えるキーワードは「好奇心」である。講義の中に好奇心を呼び込む要因が、あまりにもなさすぎるような気がしてならない。好奇心はチャレンジ精神を呼び、チャレンジから得たものは自己の主体性につながる。好奇心は、さまざまな疑問をあぶり出し、いままでに見つけることのできなかった自分の創造性や行動を発見するもとになる。企業は専門領域のなかで、学生の柔軟な発想や斬新なアイデアを求めている。情報がオープンになり、世界の情報が飛び交い、規制緩和、撤廃で新しい市場が開かれる。ここで求められるのが、こうした人材であるのは言うまでもない。
　遠隔教育という新しい教育の手法は、今までの固定観念にとらわれない新たな教育の場を提供する。独立行政法人日本学生支援機構が行っている奨学事業についてであるが、奨学金の延滞が660億円という

巨額に及ぶ指摘もあり事実上の破綻状況に近い。今後の経済状況によっては更なる悪化が懸念されている。

　一方、高等教育機関は少子化による定員割れと近年では投資活動における赤字の増大で財務状況が逼迫しているところも見受けられる。大学にとって人件費を減らしながら教育の質を向上させ、なおかつ学生を集めていくのは簡単なことではない。生涯教育に対応できる遠隔教育を効率的にすすめ、制度化する為の時間は我々にはそれほど残されていない。

謝　辞

　本研究を進めるにあたり、東洋大学経済学部松原聡教授、山田肇教授、浅野清教授、城川俊一教授他、多くの先生方にご指導をいただいた。研究に関わる理論や分析手法、海外事例など具体的な内容にまで直言を賜った。筆者の力量の無さから、時には初歩的な構成にまでご助言を仰ぐことになったことを深く反省しつつ今後の研究に特化させたい。

　また、情報化社会とインターネットの与える経済への影響について最初の示唆を与えてくださった故新田俊三教授に今日の研究の糧をいただいたことに改めて深く謝意をあらわすものである。

　本書の出版にあたり編集や校正など時潮社の相良智毅氏のご助力をいただいた。御礼を申し上げる。

2010.3.20　澁澤健太郎

参考文献

『遠隔教育―生涯学習教育への挑戦』マイケル・G・ムーア、海文堂
『eラーニング白書2006/2007』経済産業省商務情報政策局情報処理振興課
『eラーニングのためのメンタリング―学習支援の実践』松田岳士、東京電機大学出版会
『経験と教育』ジョン・デューイ、講談社学術文庫
『教育の経済分析』小塩隆士[2002]、日本評論社
『ネットラーニング』佐藤修[2001]、中央経済社
『ICTを活用し大学授業』小原芳明[2002]、玉川大学出版部
『情報技術と事業システムの進化』井上達彦[1998]、白桃書房
『eラーニング専門家のためのインストラクショナルデザイン』玉木欽也監修、東京電機大学出版会
『技術経営』山田肇[2005]、NTT出版
『民主主義と教育（上・下）』Deway,J、松野安男訳[1975]岩波文庫
『遠隔教育とeラーニング』鄭仁星、北大路書房
『制度・制度変化・経済効果』ダグラス・C・ノース、竹下公視訳、晃洋書房
『大学の教育力』金子元久、ちくま新書
『高度社会システムの創造』新田俊三、第一書林
『成熟社会の教育・家族・雇用システム』日仏比較の視点から、浅野清（編）、NTT出版
『Information―情報教育のための基礎知識』山田肇監修、NTT出版
『大学は生まれ変われるか…国際化する大学評価のなかで』喜多村和之、中公新書、2002
『マルチメディアと情報化社会』CG-ARTS協会、インプレスコミュニケーションズ

Rumber,G(1981).The cost analysis of distance teaching:Costa Rica,s Universidad Estatal a *Distancia.Higher Education*,10,

Garrison,R.,& Shale,D.(1987).Mapping the boundaries of distance education : Problems in defining the field. *Amer .J.Dist.Educ.*,1(3),

Garrison,R.,& Baynton,M.(1987).Beyond independence in distance education : The concept of control.*Amer .J.Dist Educ.*,3(1),

Keegan,D.(1980).On defining distance education. *Distance Education 1*(1),

「大学設置基準大綱化後の共通（教養）教育のかかえる問題」林正人，工大の教育を考える会講演会（2002年7月10日、大阪工業大学）における報告集

「eラーニングにおける授業内容と授業形態：実践からの示唆」向後千春、2004. PC.Conference.論文集

「2004年度　東洋大学　経済学部　自己点検報告書」東洋大学経済学部自己点検・評価実施委員会

「遠隔教育が効果を上げるために―支援システムの重要性」吉田 文、『バーチャル・ユニバーシティ研究フォーラム講演録』

「異なる背景を持つ受講者の遠隔教育に対する評価観点の検討―遠隔サイエンスコミュニケーションの実現に向けて」辻　義人・田島貴裕・西岡将晴・奥田和重、コンピュータ＆エデュケーション、Vol.25、82-87

「eラーニング授業におけるレビューシートの利用が授業評価に及ぼす効果（教育システム・教材開発のためのICT活用/一般）」伊豆原 久美子、向後 千春、日本教育工学会研究報告集、08(5)、243-250、2008/12/20

「e-Learningの質を高める視点（質的研究と教育工学/一般）」清水 康敬、日本教育工学会研究報告集、08(2)、121-128、2008/5/17

「４映像伝送型遠隔講義システムの社会人を対象とした大学院レベル少人数講座における評価」

渡部 和雄、湯瀬 裕昭、渡邉 貴之［他］教育システム情報学会誌、25(1)、44-53、2008

「サイバー大学　構造改革特区832を活用した完全インターネット大学（特集 遠隔教育の現在）（日本のeラーニング活用事例）」、カレッジマネジメント 26(1)、20-23、2008/1・2

「神奈川大学法科大学院 対話型集合教育の教育効果の実効性をeラーニングによって確保する（特集 遠隔教育の現在）（日本のeラーニング活用事例）」カレッジマネジメント、26(1)、16-19、2008/1・2

「日本のeラーニング活用事例（特集 遠隔教育の現在）」カレッジマネジメント、26(1)、1623、2008/1・2

「日本人の集団主義を支える制度と心：日米比較実験による検討」竹村幸祐、社会心理学会

「eラーニングの高等教育市場への影響をどう考えるか（特集 遠隔教育の現在）」大多和 直樹、カレッジマネジメント、26(1)、12-15 、2008/1・2

参考文献

「ブレンディド型文章作成指導におけるグループワークの効果（一般高等教育とeラーニング/一般）」
冨永 敦子、向後 千春、日本教育工学会研究報告集 07(5)、281-288、2007/12/22

「ICTを活用した協調的なライティング学習支援環境の設計と評価（一般高等教育とeラーニング/一般）」
宮原 詩織、野澤 亜伊子、尾関 智恵［他］、日本教育工学会研究報告集 07(5)、275280、2007/12/22

「統合型ドリルシェル「ドリル工房」の知的技能への対応（一般高等教育とeラーニング/一般）」
市川 尚、高橋 暁子、鈴木 克明、日本教育工学会研究報告集 07(5)、195-200、2007/12/22

「ブレンディング型授業における日常的な評価と学習者の定着度（一般高等教育とeラーニング/一般）」
原 克彦、日本教育工学会研究報告集 07(5)、119-124、2007/12/22

「CMSによる入学前課題の試み（一般高等教育とeラーニング/一般）」渡邉 景子、工藤 清美、高山 文雄、日本教育工学会研究報告集 07(5)、109-112、2007/12/22

「相互支援型交流システムを用いた離島校と大学間の交流促進に関する考察(2)（一般高等教育とeラーニング/一般）」園屋 高志、関山 徹、日本教育工学会研究報告集 07(5)、55-60、2007/12/22

「電子メールコミュニケーションにおける感情方略に関する分析―四種類の感情場面に着目して（一般高等教育とeラーニング/一般）」加藤 由樹、加藤 尚吾、佐藤 弘毅、日本教育工学会研究報集 07(5)、43-48、2007/12/22

「高等教育におけるIT利用実践研究の動向と課題―eラーニングと遠隔教育を中心に―」田口 真奈、京都大学高等教育研究、13、89-99、20071201

「1D7 e-L倶楽部Ver.2と教材作成ソフト「e-L倶楽部メーカ」の改善点（eラーニング、日本教育情報学会第23回年会）」荒 義明、堀口 秀嗣、前田 真人、小林 裕光、安達 一寿、年会論文集 (23)、176-177、20070820

「1D5 LMS「MOMOTARO」における受講者の受講状況の把握と学習促進機能：e-learningにおける教育の質保障のために（eラーニング、日本教育情報学会第23回年会）」荒川 智昭、大西 荘一、山本 敏弘、榊原 道夫、河野 敏行、北川 文夫、年会論文集 (23)、172-173、20070820

「1D4 LMS 「MOMOTARO」における管理の効率化（eラーニング、日本教育情報学会第23回年会）」山本 敏弘、大西 荘一、荒川 智明、榊原 道夫、河野 敏行、北川 文夫、年会論文集 （23）、170-171、20070820

「デジタルペンを利用したレポート作成支援に関する予備的検討（地域教育力と情報教育）」中嶋 輝明、土井 純也、川西 雪也［他］、日本教育工学会研究報告集 07(2)、33-40、2007/5/19

「遠隔大学院で論文指導をどう行うか―熊本大学教授システム学専攻の事例から（eラーニング環境のデザインとHRD（Human Resource Development）/一般）」鈴木 克明、教育システム情報学会研究報告 22(1)、43-46 、2007/5

「動作学習支援システムにおける視覚情報提示方法の一検討」木村 篤信、黒田 知宏、眞鍋 佳嗣、千原 國宏、日本教育工学会論文誌 30(4)、293-303、20070320

「事例紹介 単位互換協定に基づく遠隔教育の実践と学内教育―九州工業大学のeラーニングの取組（特集・e-ラーニング）」大西 淑雅、大学と学生 (38)、40-45、2007/2

「e-Learning今昔（特集 eラーニングは未来を拓けるか）」 奈良 久 、コンピュータ＆エデュケーション 23、10-16、2007

「高等教育におけるeラーニング導入に関する考察」 立川 聡子、佐野短期大学研究紀要 (18)、179-188、2007

「ストリーミング技術を用いたオンライン授業の教育効果 」秋山 秀典、寺本 明美、小薗 和剛、電気学会論文誌 A、基礎・材料・共通部門誌 = The transactions of the Institute of Electrical Engineers of Japan. A, A publication of Fundamentals and Materials Society 126(8)、782-788、20060801

「eラーニングを併用した科学・技術教育環境の構築（サイエンス・コミュニケーションと教育工学）」穂屋下 茂 、日本教育工学会研究報告集 06(4)、91-98、2006/7/8

「eラーニングによる大学入学前教育「文章表現」の設計・実践とその評価（メディアと子ども）」向後 千春、伊豆原 久美子、中井 あづみ［他］、日本教育工学会研究報告集 06(3)、7986、2006/5/27

「現職教育におけるeラーニングの活用に関する研究」門城 宏隆、小柳 和喜雄、MONJOU Hirotaka, OYANAGI Wakio, 教育実践総合センター研究紀

要（15）、29-38、2006-03-31
「ICTを用いた特別支援教育の実践および事例データベース構築（遠隔教育/一般）」永森 正仁、植野 真臣、淺井 達雄、長澤 正樹、電子情報通信学会技術研究報告、ET、教育工学105（632）、109-114、20060225
「情報通信技術を用いた遠隔教育は初等教育になじむか（〈特集〉実践段階のeラーニング）」大作 勝、日本教育工学会論文誌、29(3)、441-446、20060220
「日本の高等教育機関におけるeラーニングの特質（〈特集〉実践段階のeラーニング）」田口 真奈、吉田 文、日本教育工学会論文誌 29(3)、415-423、20060220
「オープンソースCMSの実証的比較分析と選択支援サイトの構築（〈特集〉実践段階のeラーニング）」田中 裕也、井ノ上 憲司、根本 淳子、鈴木 克明、日本教育工学会論文誌、29(3)、405-413、20060220
「訪問教育の充実を指向した携帯型テレビ電話を用いた遠隔教育システムの活用に関する研究（〈特集〉実践段階のeラーニング）」金森 克浩、小林 巌、日本教育工学会論文誌 29(3)、379-386、20060220
「Web-Based学習支援ツールの開発と試用からの一考察（〈特集〉実践段階のeラーニング）」筱 更治、成田 滋、日本教育工学会論文誌 29(3)、281-288、20060220
「HDV規格ハイビジョン映像のオンライン蓄積システム」久保田 真一郎、升屋 正人、青木 謙二、鍵山 茂徳、情報処理学会研究報告、コンピュータと教育研究会報告 2005(123)、15-20、20051210
「Alice Springs School of Airにおける遠隔教育のマルチメディア化の展開について」上杉 志朗、電子情報通信学会技術研究報告、ISEC、情報セキュリティ 105(395)、25-31、20051107
「Alice Springs School of Airにおける遠隔教育のマルチメディア化の展開について」上杉 志朗、電子情報通信学会技術研究報告、OIS、オフィスインフォメーションシステム 105(397)、25-31、20051107
「教育用CMSの比較分析と選択支援サイトOCETの開発（eラーニング環境のデザイン/一般および）」田中 裕也、井ノ上 憲司、市川 尚［他］教育システム情報学会研究報告 20(1)、43-48、2005/6
「教員研修におけるeラーニングと集合研修のブレンディングに関する一考察」佐々木 弘記、日本教育工学会論文誌 28(suppl)、125-128、20050320
「芸術・技能分野の遠隔教育における感覚連想・共有支援システムの設計法

(collaborationとagent技術/一般)」矢野 健二、小林 直彦、堀田 順平、清水 明生、松崎 泰裕、谷沢 智史、山下 静雨、吉田 幸二、鈴木 雅人、市村 洋、電子情報通信学会技術研究報告、ET、教育工学 104(703)、1-5、20050226

「専門重視の相互作用型e-ラーニング実践（高等教育におけるICT利用システム―遠隔教育、生涯教育を含む）」岡本 敏雄、塚原 渉、関 一也、教育システム情報学会研究報告 19(5)、29-35、2005/1

「大学講義のためのeラーニング教材作成支援システムの提案（e-Learning教育システムの成果と目指すべきもの/一般）」樋口 純一、荒木 俊輔、硴崎 賢一、電子情報通信学会技術研究報告、ET、教育工学 104(534)、121-126、20041211

「Webベース授業を指向したブラウザWeb-Comの試作と評価（分散仮想環境）（仮想環境の応用事例集）」平木 和輝、米倉 達広、澁澤 進、電子情報通信学会技術研究報告、MVE、マルチメディア・仮想環境基礎 104(489)、13-18、20041129

「eラーニングにおける先延ばし傾向とドロップアウトの関係」向後 千春、中井 あづみ、野嶋 栄一郎、日本教育工学会研究報告集 2004(5)、39-44、20041120

「eラーニングサイトのデザイン」猪貝 達弘、弓場 重貴、森山 了一、鈴木 克明、日本教育工学会大会講演論文集 20、1003-1004、20040923

「eラーニングにおけるドロップアウトとその兆候」向後 千春、野嶋 栄一郎、日本教育工学会大会講演論文集 20、997-998、20040923

「eラーニングによる教員研修の効果に関する一考察」佐々木 弘記、梶元 達也、日本教育工学会大会講演論文集 20、967-968、20040923

「生涯学習におけるeラーニング活用に向けて」佐藤 和美、川田 隆雄、日本教育工学会大会講演論文集 20、513-514、20040923

「ネット構築サービスの料金相場（24）主要インテグレータ8社の料金を公開 eラーニング・システムの導入 LMSサーバーの導入は数十万円から 運用のアウトソーシングも可能」日経コミュニケーション （421）、132-135、2004/9/1

「大学におけるeラーニング課程のコスト分析：早稲田大学人間科学部におけるケーススタディ」向後 千春、日本教育工学会研究報告集 2004(4)、35-49、20040710

参考文献

「早稲田大学eスクールの実践：大学教育におけるeラーニングの展望」向後 千春、西村 昭治、浅田 匡、菊池 英明、金 群、野嶋 栄一郎、日本教育工学会研究報告集 2004(3)、17-23、20040522

「e-Learningからe-Educationへ―早稲田大学人間科学部eスクール：我が国初の本格的ブロードバンド型大学通信教育課程（組織内教育における e-Learningの新しい展開）」西村 昭治、教育システム情報学会研究報告 19(1)、29-34、2004/5

「双方向型遠隔教育のためのeラーニングシステム構築に向けたいくつかの事前考察（松本讓教授退職記念号）」津曲 隆、飯村 伊智郎、税所 幹幸、松野 了二、アドミニストレーション 10(3/4)、31-70、20040325

「レスポンスリッチなライブ型eラーニングシステム（〈特集〉遠隔教育/一般）」南谷 千城、並木 寿枝、桑谷 剛史、鈴木 元、電子情報通信学会技術研究報告、ET、教育工学 103(697)、101-105、20040227

「遠隔講義映像に対するシーン抽出処理に関する検討（〈特集〉遠隔教育/一般）」中山 実、米川 孝宏、清水 康敬、電子情報通信学会技術研究報告、ET、教育工学 103(697)、71-76、20040227

「東北大学インターネットスクールの実践と課題（特集 学部教育、大学院教育へのe-Learningの実践―単位認定e-Learningと教育改革）」三石 大、岩崎 信、メディア教育研究 1(1)、19-29、2004

「メンタリング手法開発を目的とした遠隔非同期協調学習の評価」松田 岳士、斎藤 裕、大網 千鶴、玉木 欽也、日本教育工学会大会講演論文集 19(2)、861-862、20031011

「通信制高校における e ラーニング化の試み」猪貝 達弘、弓場 重貴、森山 了一、鈴木 克明、日本教育工学会大会講演論文集 19(2)、853-854、20031011

「e ラーニングによる自己学習を基盤とした教員研修の設計に関する研究」川上 教夫、日本教育工学会大会講演論文集 19(1)、347-348、20031011

「対話的な教材提示が可能な電子黒板によるインストラクションシステムの提案（〈特集〉e-ラーニング/e-エデュケーション/一般）」樋口 祐紀、三石 大、鈴木 克明、電子情報通信学会技術研究報告、ET、教育工学 103(226)、23-28、20030719

「高等教育におけるメディア統合型LMSの検討（大学における遠隔教育とe-Learning）（科学教育におけるICTの利用（科学教育一般含む））」加藤 直

樹、村瀬 康一郎、益子 典文、松原 正也、奈良 敬、輿戸 律子、佐藤 俊介、田中 昌二、加藤 一郎、日本科学教育学会研究会研究報告 17(6)、85-88、20030621

「学習用メタデータを含む電子教科書のためのWebブラウザの試作（〈特集〉Collaborationとagent技術/一般）」王 英来、金子 敬一、電子情報通信学会技術研究報告、ET、教育工学 102(697)、127-132、20030228

「大学での e ラーニングによる遠隔授業の実際：長岡技術科学大学の実践」井上 明俊、日本教育工学会大会講演論文集 18、31-32、20021102

「eラーニング遠隔教育メディアの変遷と今後の課題」 滝田 辰夫、メディア・コミュニケーション：慶応義塾大学メディア・コミュニケーション研究所紀要 52、109-128、20020320

「東京工業大学における遠隔教育〔含 英文〕（特集 IT活用による学習ネットワークと実践共同体）」清水 康敬、メディア教育研究 39-58、2002

「eラーニング遠隔教育メディアの変遷と今後の課題」滝田辰夫、慶應義塾大学メディア・コミュニケーション研究所紀要（メディア・コミュニケーション）52、110-111、2002

「eラーニング遠隔教育メディアの変遷と今後の課題」滝田辰夫、慶應義塾大学メディア・コミュニケーション研究所紀要（メディア・コミュニケーション）52、110-111、2002

「e ラーニング・コンテンツ開発の試み」片岡 久明 、日本教育工学会大会講演論文集 17、603-604、20011123

「知識創造能力の育成をねらった協調学習支援システム（特集「知」の創造と発信を支援する遠隔教育・e-ラーニング）」古賀 明彦、若山 浩志、日立評論 83(10)、49-52、2001/10

「e-ラーニングによる研修ソリューション（特集「知」の創造と発信を支援する遠隔教育・e-ラーニング）」安達 知子、津村 利幸、有田 聡、日立評論 - 83(10)、43-48、2001/10

「国際標準に準拠したe-ラーニング・プラットフォームソリューション"HIPLUS"（特集「知」の創造と発信を支援する遠隔教育・e-ラーニング）」吉田 浩、宗本 利男、山本 洋雄、日立評論 83(10)、39-42、2001/10

「MPEG-4対応映像配信システム"Videonet4"とその企業内教育への適用（特集「知」の創造と発信を支援する遠隔教育・e-ラーニング）」森田 功一、井川 勝、石田 知行［他］、日立評論 83(10)、35-38、2001/10

参考文献

「コンピュータシステムエンジニア技術教育への適用—日立製作所情報・通信グループにおける導入例（特集「知」の創造と発信を支援する遠隔教育・e-ラーニング）」喜多 由美子、佐藤 泰助、浅野 和則［他］日立評論 83(10)、29-34、2001/10

「日立製作所の人材育成とe-ラーニングの活用（特集「知」の創造と発信を支援する遠隔教育・e-ラーニング）」伊藤 博章、山田 哲也、佐藤 正己［他］、日立評論 83(10)、25-28、2001/10

「映像配信・同報性・広域性に優れた衛星利用e-ラーニングシステム（特集「知」の創造と発信を支援する遠隔教育・e-ラーニング）」谷口 英宣、石井 辰栄、山田 敬一［他］

「日立製作所の大学用遠隔教育システムソリューション—次世代遠隔教育システムへの取組み（特集「知」の創造と発信を支援する遠隔教育・e-ラーニング）」飯島 弘、田中 晶、田中 智基、日立評論 83(10)、15-20、2001/10

「米国のe-ラーニングの先進的動向と新たな可能性（特集「知」の創造と発信を支援する遠隔教育・e-ラーニング）」菊地 克茂、西岡 佳津子、日立評論 83(10)、9-14、2001/10

「ネット時代の人材育成を支援する日立グループの遠隔教育への取組み（特集「知」の創造と発信を支援する遠隔教育・e-ラーニング）」広瀬 雅利、竹内 茂一、杉本 豊和、日立評論 83(10)、4-8、2001/10

「特集「知」の創造と発信を支援する遠隔教育・e-ラーニング」日立評論 83(10)、2-54、2001/10

「情報化プロジェクト(3)：e-Learning開発にむけた大阪女学院短期大学の戦略」牧野 由香里、コーンウェル スティーブ、紀要 31、303-316、20010000

「2.2各教育現場におけるネットワークによる遠隔教育の現状」先進学習基盤協議会編、eラーニング白書 2001/2002年版、2001

「インターネットを活用した効果的な人材育成」金子 一久、教育工学関連学協会連合全国大会講演論文集 6(2)、125-126、20001007

執筆者紹介

澁澤　健太郎（しぶさわ・けんたろう）
東洋大学大学院経済学研究科博士課程修了
和光大学経済学部講師を経て
現在、東洋大学経済学部総合政策学科准教授

主な著書
『インターネットひらいてみれば』時潮社
『インターネットで日本経済入門』（共著）日本評論社
『インターネット革命を読む』平原社
『Information－情報教育のための基礎知識』（共著）NTT出版
『次世代の情報発信』時潮社

ナレッジ・ベース・ソサエティにみる高等教育
―遠隔教育の評価と分析を中心に―

2010年3月25日　第1版第1刷　　　　　定価2800円＋税

著　者　澁　澤　健太郎Ⓒ
発行人　相　良　景　行
発行所　㈲　時　潮　社

〒174-0063　東京都板橋区前野町4-62-15
電　話　03-5915-9046
Ｆ Ａ Ｘ　03-5970-4030
郵便振替　00190-7-741179　時潮社
Ｕ Ｒ Ｌ　http://www.jichosha.jp
E-mail　kikaku@jichosha.jp

印刷・相良整版印刷　製本・武蔵製本

乱丁本・落丁本はお取り替えします。
ISBN978-4-7888-0648-1